법으로 보는
이슬람과 중동

명지대학교중동문제연구소
키타붙히크마HK총서 03

법으로 보는
이슬람과 중동

명지대학교 중동문제연구소 엮음

모시는사람들

일러두기

1. 아랍어명은 특수 문자를 사용하지 않고 로마자로 평이하게 표기하였다. 단, 인용 본문이나 책 제목 등이 특수문자로 표기된 경우에는 원본에 따라 그대로 옮겼다. 국립국어원의 외래어 표기법은 중동지역 관련 용어를 심각하게 왜곡하기에 따르지 않고 학계에서 통용되는 표준 발음을 사용하였다. 예를 들어 국립국어원은 수니라고 쓰지만, 순니가 정확한 용어다. 아시리아는 앗시리아로 적는다. 이슬람의 경전은 꾸르안으로 적는 것이 맞으나 코란이 일반인들에게 오랫동안 널리 받아들여진 점을 고려하여 이 책에서는 코란으로 표기하였다.
2. 본문 주석과 참고문헌의 표기 양식은 *The Chicago Manual of Style*을 따랐다.
3. 참고문헌은 본문에 인용하거나 언급한 것만 싣는 것을 원칙으로 하였다.
4. 표절, 도용과 같이 저작과 관련된 모든 윤리 문제는 전적으로 각각의 글을 쓴 저자에게 있다.

머리말

2010년부터 한국연구재단의 지원을 받아 "현대중동의 사회변동과 호모이슬라미쿠스: 샤리아 연구와 중동학 토대구축"이라는 연구아젠다 아래 인문한국(HK)연구사업을 수행하고 있는 저희 연구소는 키타불히크마 HK총서 시리즈 3번째 책으로 『법으로 보는 이슬람과 중동』을 발간하게 되었습니다.

그동안 저희 연구소는 일반 대중들도 중동과 이슬람종교 전통을 쉽게 이해할 수 있도록 평이한 글쓰기를 지향하면서 키타불히크마 HK총서를 제작하여 왔습니다. 2011년 정초부터 튀니지에서 불기 시작한 아랍의 봄 열풍(熱風)을 다룬 총서 1권 『아랍민주주의, 어디로 가나』(2012년 발간), 전 세계를 공포와 경악의 도가니로 몰아넣은 IS를 해부한 총서 2권 『IS를 말한다』(2015년 발간)에 이어 이번에는 현대를 다룬 앞선 2권과 달리 보다 먼 과거의 종교와 법에 대해 이야기 한 3권 『법으로 보는 이슬람과 중동』을 내놓습니다.

이번 총서에는 저희 연구진뿐 아니라 고대 중근동 전문가인 주원준 박사, 윤성덕 박사가 함께 참여하여 주었습니다. 저희 연구진이 고대 중근동의 법과 종교 전통을 이해하도록 전문가교육 특강을 기꺼이 해주고, 강좌 발표문을 보다 세심하게 다듬고 보완한 후 총서에 기고하여 책의 가치를 더욱 빛나게 해주었습니다. 이 자리를 빌어 주원준 박사, 윤성덕 박사 두 분께 진심으로 감사드립니다.

이 책은 크게 이슬람 이전과 이후 두 시기를 나누어 다루면서 모두 6장으로 구성되었습니다. 처음 두 개의 장은 이슬람 종교와 법 전통 성립 이전의 고대 중근동의 종교와 법을 다룹니다. 1장에서 주원준 박사는 지혜와 경험과 법이 하나로 통합된 고대 근동 사회의 법을 이해하는 방법을 제시합니다. 윤성덕 박사는 2장에서 유대교의 법 전통을 고대부터 현대까지 일목요연하게 짚으면서 종교적 틀과 사회적 기능을 논합니다.

3장부터 6장은 모두 이슬람에 관련된 글입니다. 김종도 교수는 3장에서 죽음과 처벌을 주제로 고대 근동법과 이슬람의 경전 코란의 내용을 비교합니다. 임병필 교수는 4장에서 파키스탄 출신 무슬림 학자 파르베즈가 분류한 코란 내 가정생활규범(家庭生活規範)을 기준으로 코란에 나타난 샤리아 규범을 논의합니다. 박현도 교수는 5장에서 코란 다음으로 중요한 두 번째 이슬람법원(法源) 하디스를 개괄적으로 논의하면서 하디스가 지닌 종교적, 법적 의미와 중요성을 설명합니다. 끝으로 정상률 교수는 6장에서 현대 무슬림 세계에서 줄기차게 제기되고 있고, 샤리아(이슬람법)에 기반한 국가인 '이슬람 국가'의 의미를 역사적으로 살피면서 과거부터 현대까지 사상적 궤적을 추적합니다.

중동의 중요한 전통인 그리스도교에 대한 논의가 빠진 점, 이슬람법 관련 항목을 좀 더 넓고 깊게 충분히 다루지 못해 아쉽습니다. 이번에 부족하다고 느낀 점은 앞으로 더욱 활발한 연구를 통해 보완하여 더 좋은 책으로 독자 분들께 다가가겠습니다. 비록 부족하고 불충분하지만, 중동에 대한 토대연구가 미진한 국내 학계의 현실을 개선하면서 새로운 기반을 쌓는 저희 연구진을 응원해주시는 차원에서 따뜻하게 격려해주시길 감히 부탁 드리고 싶습니다. 일독하시고 응원해주십시오. 감사합니다.

2016년 5월 14일

명지대 중동문제연구소장 이종화 배상

지혜와
경험과 법이
하나다

- 고대 근동의 법을 이해하기 위하여

주 원 준 _ 한님성서연구소

* 이 논문의 초고는 2014년 1월 24일 명지대학교 중동문제연구소에서 「'신성재판'과 '전멸' - 고대 근동과 히브리 성경의 '고대법'」 이란 제목으로 발표되었다. 하지만 필자는 이 초고의 내용을 대폭 수정하였기 때문에, 결과적으로 완전히 다른 논문이 되었다.

1. 들어가며

인류의 문명이 시작된 고대 근동(Ancient Near East) 세계는 동쪽으로 메소포타미아와 이란 고원을, 남쪽으로 아라비아 반도를, 북쪽으로 카스피 해와 아나톨리아 반도를, 서쪽으로는 이집트를 포괄한다.[1] 시기적으로 기원전 33세기에서 332년에 걸쳐 수많은 민족이 명멸하며 다양한 언어로[2] 다채로운 문학을 남긴 고대 근동 문명은 인류의 가장 오래된 문명으로서, "예술, 건축, 문학, 그리고 일반적으로 '문명'이라는 말에 어울리는 다른 모든 영역의 중요한 전승을"[3] 훌륭히 갖추었다. 이 고대 근동 문명 안에서 유대교가 탄생했고, 고대 근동 문명이 남긴 거대한 유산을 기반으로 그리스도교와 이슬람교가 발전할 수 있었다. 이 논문에서 다루는 '고대 근동의 법의 특징'도 그리스도교와 이슬람교의 법에 큰 영향을 주었다.

이 논문은 우선 고대법의 일반적인 특성을 개괄하면서 시작할 것이다. 현대의 실정법과 전혀 다른 고대 종교법의 특징을 이해하는 것은 고대 근동의 법을 이해하는 전제이기 때문이다. 그리고 고대 근동의 대표적인 지역에서 법이 어떻게 발전되었는지를 다루겠다. 독자는 고대 근동 문명을 주도했던 고대 이집트와 고대 메소포타미아의 법 개념이 매우 달랐고, 시리아-필리스티아 지역과 아나톨리아 반도에서는 비교적 '소박한 법'이 발전되었음을 알 수 있을 것이다. 그리고 이런 법에 대한 이해를 다루겠다.

2. 고대 법의 성격

1) 법은 보편적 질서다

고대와 근대의 법 개념은 무척 다르다. 근대의 실정법은 인간의 객관적인 행위의 결과를 중시하지만, 고대의 법은 기본적으로 종교법이다. "종교의 역사에서 법의 개념은 이중적 의미가 있다. 한편으로는 인간과 세계의 질서를 규정하는 거룩하고 보편적인 우주의 질서를 의미한다. 다른 한편으로는 의례와 윤리의 영역에서 특정한 행위를 규정하는 구체적 체계를 의미한다."[4]

이런 고대의 종교법의 특성은 거의 모든 종교에 공통적이다. (신을 상정하든 그렇지 않든) 모든 종교는 삼라만상의 우주적 질서와 인간과 사회의 질서가 본질적으로 동일하다고 설명한다. 법(法)이란 한자어는 본디 불교의 연기설이나 윤회론과 밀접한 개념을 포함한다. 도교의 도(道)나, 유일신교의 창조 질서에 해당하는 개념에도 견줄 수 있다. 이런 만물의 근본적이고 내재적인 질서에 주목하는 종교법은 자연과 인간과 사회와 사물의 보편적인 질서를 정의하는 역할을 한다. 그러므로 고대 종교법은 '자연, 윤리, 권리, 사회적 삶 그리고 의례'의 전 영역을 모두 포괄한다.[5]

세속화되고 전문화된 근대 학문에서는, 자연적 질서는 자연과학이, 사회적 질서는 사회과학이, 인간의 윤리는 윤리학이 맡는 식으로 나뉘어 있고 개별 분야도 저마다 무척 분화되고 고립되어 있다. 그러므로 현대인은, 법은 법학의 영역이며, 종교와는 별 상관 없다고 인식하고, 서로의 영역을 넘나드는 일도 금기시한다. 이를테면 법조인의 지나친 종교적 태도는 권장되지 않고, 그 반대도 마찬가지다. 이런 기능론적 분업에 익숙한 현대인에게 고대 종교법의 통합적 성격은 낯설다. 그래서 고대 종교의 특성을 이해하기 위해서는, 우선적으로 이런 근대적 인식을 뛰어넘어야 한다. 고대인의 시각으로 보면, 세속화되고 전문화된 근대 학문 체계가 이해하기 어려울 것이다. 고대 근동인들은 법조인이야말로 종교적으로 가장 엄격하고 충실해야 할 사람들로 생각했다.[6]

이렇게 고대법은 '만물의 질서'를 다루면서 동시에 '내면의 세계'를 다룬다.[7] 여기서 '내면의 세계'란 특정 행위와 관련된 '구체적 의도'를 뛰어넘어, 신과 세계와 인간에 대한 일상의 근본적 인식과 태도를 규정하는 개념이다. 다시 말해 고대법은 '올바른 믿음'(orthodox)을 규정하고, 그런 믿음에 기반을 둔 '올바른 실천'(orthopraxis)까지 포괄하는 총체적인 체계였다. 올바른 실천은 기본적으로 종교적 실천으로서, 절도나 상해 등은 물론이고 윤리와 의례 규정까지 포함한다. 이런 면에서 고대법은 '총체적인 신앙의 법'이다.

고대 근동 세계에서 탄생하고 발전한 히브리 성경은 이런 고대법의 다면적이고 총체적인 성격을 띠고 있다. 히브리 성경을 히브리어로 흔히 '토라'라고 한다. 이 말은 흔히 '율법'으로 번역되지만, 실제 히브리 성경 본문에서 지시(direction), 방향(instruction), 결정(decision), 규칙(rule) 등으로 다양하게 번역되며, 때로 아래처럼 가르침(teaching)으로 옮길 수도 있다.[8]

> 오히려 주님의 가르침(=토라)을 좋아하고
>
> 그분의 가르침(토라)을 밤낮으로 되새기는 사람. (시편 1:2)

이 시편의 맥락을 보면 토라를 읽는 것은 율법을 읽는 것으로 국한되지 않고, 이야기, 우화, 강론, 설교, 전례문, 심지어 시편까지 포함한 '신의 가르침 전체'를 말한다. 율법(토라)을 배운 인간은 현대적 의미의 '법조인'이 아니라, 신의 가르침을 전인적으로 총체적으로 성찰하고 실천하는 인격이라는 의미에 가깝다.

2) 서술 양식과 신성재판

필자는 여기서 고대법의 두 가지 특징만 다루고 넘어가려 한다. 제한된 지면을 고려하여, 근대법과 도드라지게 다른 점만 다루는 것이 효과적이라고 생각하기 때문이다.

첫째는 법의 서술 양식이다. 고대법의 서술 양식은 현대법과 무척 다르다. 가장 눈에 띄는 것은, 객관적 법 문장 사이에 종교적 원리를 설명하는 설교 등이 자유롭게 등장하는 것이다. 심지어 찬미가나 우화 등이 법 문장과 나란히 등장하기도 한다. 이렇게 법 문장 사이에 등장하는 설교, 교훈, 찬미가, 시, 속담, 경구, 우화 등의 요소를 단순히 '문학적 일탈(deviation)'로 인식하거나, '원시적 행태', '관습' 또는 '미신'으로 치부해서는 안 된다. 오히려 이런 서술 양식은 고대법의 다면적이고 총체적인 성격을 잘 드러내는 것이다.[9]

둘째는 신성재판(ordeal)이다. 신성재판은 '사법적 기능을 하는 점술'이라고 정의할 수 있는데,[10] 스스로나 타자의 결백함을 증명하기 위해서 신의 뜻을 직접적으로 묻고 그 결과에 따르는 것을 의미한다.

신성재판의 방법은 강이나 바다에 빠뜨리든지, 불 위를 걸어가게 하든지, 끓는 물에서 살아 나오게 하든지, 독약을 소량 섭취하든지, 신체 일부(주로 급소나 성기 일부)를 훼손하는 방법 등이 있다. 이런 위험을 이겨 내어 살아난 사람은 죄가 없다는 보증을 받은 것이다. 신성재판은 신의 최종적인 뜻을 물어 죄의 유무를 분명하게 가린다는 특징이 있다.[11]

신성재판에 흔히 등장하는 요소는 다음과 같다. 양측이 극단적으로 대치하는 상황에서, 한쪽이 결백함을 주장하고, 목숨을 걸고 맹세 또는 저주를 하며, 구체적인 시험 방법이 등장하고, 결과에 따른 해석이 존재한다. 이 모든 요소들은 신에 대한 절대적 신뢰와, 선하고 옳은 편이 결국 승리한다는 믿음에 기초한다.[12] 뒤에서 다룰 함무라비 법전이나 히브리 성경 등에서 흔히 등장하는 이런 신성재판의 요소들을 단순히 미신이나 점으로 폄하해서는 안 된다. 오히려 우리는 정의로운 신을 향한 고대인의 강한 믿음과, 법이란 그런 정의를 실현하는 도구라는 확신을 읽어야 할 것이다.

3. 법보다 지혜를 중시한 고대 이집트

고대 근동 세계의 문명은 고대 이집트와 고대 메소포타미아 지역이 주도했다. 이 양대 산맥 주변에 아나톨리아 지역과 시리아-필리스티아 지역의 문명이 피어났다. 그런데 고대 이집트 문명은 법과 관련한 학문을 강력히 발전시키지 못하였다. 그 이유는 이집트의 자연환경과 독특한 종교 때문일 것이다.

고대 이집트는 순환적이고 풍요로운 자연환경과 지정학적 이점으로 비교적 장기간 동안 안정된 사회를 유지할 수 있었다. 이런 배경에서 고대 이집트 문명을 설명하는 키워드인 마아트(Ma'at)와 독특한 왕권신학이 발전했다. '순환하는 우주적 질서'로 해석할 수 있는 마아트를 지상에 실현하는 자가 임금, 곧 파라오다. 파라오는 정치적으로 절대군주이고 종교적으로는 신이었다. 그는 전능하고, 전지하고, 무적의 전사이자, 백성의 절대적 신뢰를 받는 존재였다. 그러므로 그는 '모든 법의 원천이고 그러므로 모든 도덕적 정당성의 근본'이었다.[13]

마아트의 실현자가 파라오였기에 그에 절대 순종하여 마아트의 순리에 따르는 것이 중요했다. 임금은 정의를 실현하기 위해 존재하는 것이 아니라 임금이 정의 그 자체였다. '그러므로 고대 이집트에서는 전문적 법조인'도, '추상적 법이론'도 없었다. 오직 필요에 따른 일종의 '법적 경험주의'(legal empiricism)만이 존재했는데, "실제 경험의 사례 또는 선례들이 이론의 자리를 차지했다." 지금까지 전하는 판례를 보면, 전문적 의미의 판사나 법정은 없었고, "왕실에 속한 사람이나 원로가 판결을 내렸다."[14]

파라오에 순종하는 것은 바로 마아트의 순리를 따르는 것이었고, 마아트의 이치를 깨달은 자는 파라오에 가까이 갈 수 있었다. 그래서 고대 이집트에서는 마아트의 이치를 가르치는 지혜문학이 발달했다. 지혜문학은 오랜 경험이 농축된 속담이나 경구의 형태로 쓰여졌다. 역사가 축적되며 짧은 문장이 수백 수천 개 나열되는 형식으로 발전했다. 대체로 고대의 현자를 저자로 내세우는 지혜문학 작품들은 고대 이집트 사회의 처신술, 특히 동료 인간과 사회와 국가에 대한 태도, 후대 교육의 중요성, 삶의 통찰, 겸손, 나갈 때와 물러날 때를 아는 방법, 우주의 질서에 순응함 등을 강조한다. 오랜 세월을 거치며 다양한 모티프와 내용을 담은 지혜문학의 내용은 결국 마아트의 이치에 순종함으로 귀결된다.[15]

4. 법의 고향 고대 메소포타미아[16]

1) 도시국가의 발전

한편 고대 메소포타미아는 한마디로 법의 고향이라고 할 수 있다. 고대 이집트와는 사뭇 다른 독특한 자연환경과 역사적 배경 때문에, 고대 메소포타미아에서는 왕권신학과 법 문화의 탄생과 발전도 무척 달랐다. 메소포타미아의 독특한 법 문화를 보기 위해서, 우선 인류 최초의 도시국가 건설 과정을 간략히 보자.

인류 최초로 메소포타미아 남부에 도시가 건설된 것은 기원전 4천 년경부터였다.[17] 넓은 평야와 습지를 갖춘 곳에 건설된 도시는 농업과 관개수로를 중심으로 형성되었다. 이는 자연스레 노동의 분화와 전문화를 낳았고, 그에 따라 지역과 계급의 분화를 낳았다. 그리고 도시의 발생은 새로운 언어를 낳았다. 메소포타미아 남부 도시에서 사용되던 아카드어에는 '도시'를 뜻하는 '알룸'(ālum)과 함께 '원로'를 뜻하는 '쉬부툼'(šibūtum) 등의 낱말이 발생했다. 도시의 구획을 의미하는 아카드어 '바브툼'(bābtum = DAG.GI4.A)은 도시 안에 존재했던 특정 직업군의 '거주 공동체'를 의미했다.[18]

시간이 지남에 따라 도시 안에서 노동과 생산과 거주와 계층의 분화는 가속화되었고, 도시의 중심은 신전과 왕궁이 차지했다. 그리고 '새로운 전문 계급'이 탄생했는데, 그들은 행정가, 곧 관료였다.[19] 이들은 자연스레 수많은 행정 규칙과 선례를 만들어 기록했고, 이것들이 훗날 법의 기초가 되었다.

한편 지금의 이라크 근처인 메소포타미아 북부는 자연환경의 다양성이 훨씬 컸다. 유프라테스 강과 티그리스 강 주변의 도시들은 남부처럼 물이 풍족하지 못했고, 돌사막, 협곡, 산지 등 자연환경이 다채로웠다. 메소포타미아 북부는 남부보다 도시의 발전의 느렸고, 그나마 발전한 도시의 규모도 작았다. 그 대신 도시 성립 이전 단계의 반(半)유목민의 정서가 오래 지속되었다. 그래서 이 지역에선 죽을 때 유언을 남기는 관습이나, 수숙혼[20] 등 유목민의 관습이 구전으로 전승되어 성문화되었다. 그러므로 이 지역에서는 유목민의 정서와 비도

시 지역의 전통이 짙게 배어 있는 법이 발전했다.[21]

2) 임금과 법의 선포

대략 기원전 3천 년경부터 도시국가들의 경쟁을 기록한 문서를 볼수 있다.[22] 인구가 증가하고 도시가 확대되면서 도시국가들은 잔여 공터지와 농경지를 두고 분쟁을 일으켰다.[23] 이들은 군사적으로 서로 협력하여 연맹을 형성하거나 개별적으로 정복하는 등의 다채로운 전략과 전술을 구사하였다.[24] 이런 정치적, 군사적 경쟁 시대로 접어들자 도시국가들은 앞다투어 성벽을 건설했고, 성벽 안에는 많은 사람들이 살았다. 결국 더 효율적인 지도체계와 행정이 요구되었다. 그러자 '새로운 중앙 기관'인 궁전, 곧 '에갈'(É.GAL)과 수메르어로 '루갈'(LU. GAL), 아카드어로 '샤룸'(šarrum)이라 불리는 '임금'(王)이 탄생했다.[25]

메소포타미아의 임금들은 신의 명령으로 이 땅에 실현하는 통치자를 자처했다.[26] 이 점에서 메소포타미아의 왕권신학은 이집트와 무척 다르다. 앞에서 본 대로, 이집트는 마아트와 그의 현현인 파라오에 순응하고 지혜롭게 처신하는 것이 중요했지만, 메소포타미아에서 임금은 신적 정의를 지상에 펴는 자였고, 임금도 그 정의를 따라야 한다는 점이 강조되었다.

메소포타미아에서 정의의 신은 대개 태양신 '샤마쉬'(Šamaš)의 몫이었는데, 샤마쉬의 후손들 가운데 진실을 의미하는 '미샤룸'(Mīšarum)과 평등을 의미하는 '킷툼'(Kittum)이 중요했다.[27] 기원전 2천 년경부터 바빌론의 임금들은 새로 등극할 때 가난한 자가 갚을 수 없는 빚을 탕감해 준다든가 하는 칙령을 반포했는데, 그 칙령을 '미샤룸'(mīšarum)이라고 했다.[28] 그리고 일부 임금들은 체계적인 법률을 반포하기도 했다.

3) 주요 법률

고대 메소포타미아의 법률 가운데 우리에게 전해진 것은 극히 일부다. 이 가운데 중요한 법전의 역사적 배경과 의미를 간략히 알아보자.

(1) 우르남무 법전

기원전 2334년 즈음에 시작된 아카드 왕조는 기원전 2112년 즈음에 수메르의 우르 제3왕조에 의해 멸망되었다. 이후 약 한 세기 정도 지속된(기원전 약 2112-2003년)[29] 이 수메르 왕조는 아카드의 지방분권 체제를 종식하고 "내부적으로 더욱 집중된 중앙 권력을 가졌다."[30] 이 왕조를 개창한 우르남무(Urnammu; 재위 기원전 약 2111-2094년) 임금은 '사상적인 측면에서 나라를 통일하려는 적극적인 정책을'[31] 펼쳤고, 조세제도를 확립하고 '높은 수준의 도시화'[32]를 이루었다.

그는 선대의 정신적 유산을 더욱 발전시켜 법전을 편찬하였는데, 그의 이름을 따라 '우르남무 법전'이라 하는 이 수메르어 법전은 현재 인류가 발견한 가장 오래된 법전으로서 문명사적으로 큰 가치가 있다. 아래의 인용문에서 볼 수 있듯, 이 법전은 약자를 보호하고 사회 정의를 실현하는 데 큰 관심을 두었다. 그리고 동태복수법(talion) 보다 금전보상법이 더 오래되었음을 증언하고 있다.

그는 과부와 고아와 가난한 자를 부자의 탐욕에서 지켜 주었으며 배우자를 무조건 내보내는 일을 막아 주었다. 마지막으로, 다른 사람의 종을 강간하는 일, 거짓 증언, 명예 훼손, 구타와 상해 등과 같은 일부 범죄와 범법 행위에 대해서는 후대의 함무라비 법전이나 히브리법처럼 사형이나 신체 절단형을 선고하지 않고 은으로 보상하도록 했다.[33]

안타깝게도 법전의 원문은 전하지 않으며, 닙푸르(Nippur), 십파르(Sippar), 우르 등에서 출토된 조각 본문들은 고바빌론 시대의 사본들로서, 현재 이스탄불과 런던 등에 있다.[34]

(2) 리피트-이쉬타르 법전

기록에 따르면 우르 제3왕조의 마지막 임금 입비-신(Ibbi-sīn)의 재위 2년부터 주변 도시국가에서 하나둘씩 우르의 연호를 사용하지 않았고, 재위 8년이 되면 완전히 사라진다. 기록에 따르면 이 기간에 우르에 큰 기근이 덮친 것 같은데, 입비-신이 휘하 장군인 이쉬비-에라 (Ishbi-Erra)에게 돈에 구애받지 않고 식량을 구해 오라고 한 기록이 남아 있어 이런 정황을 뒷받침한다. 하지만 이쉬비-에라는 훗날 이신 (Isin)에서 새 왕조를 개창하고, 닙푸르를 접수하였다.[35] 이신 왕조는 정치적으로 성장하여 우르 제3왕조와 함께 메소포타미아 남부를 사실상 공동 지배했는데, 시간이 지나며 점점 우세해졌고 사실상 우르 제3왕조를 계승하게 된다.[36]

한편 닙푸르에서 발견된 이 수메르어 법전은 이신(Isin) 왕조의 5번째 임금인 리피트-이쉬타르(Lipit-Ištar; 재위 기원전 약 1934-1924) 임금을 언급하기에, 그 임금의 이름에 따라 이름이 붙었다. 여러 개의 조각 사본이 필라델피아, 파리, 이스탄불에 보관되어 있다.[37] 우르남무 법전과 마찬가지로 리피트-이쉬타르 법전도 비교적 서언이 긴 편이다. 리피트-이쉬타르 법전은 우르남무 법전을 계승하고 함무라비 법전에 영향을 주었다.[38]

(3) 에쉬눈나 법전

1945-1947년 이라크의 바그다드 근처 텔 아부 하르말(Tell Abu Harmal)에서 출토된 법전으로, 학문적으로는 CE(Codex Eschnunna)라는 약자로 쓴다. 출토지의 고대 이름은 샤두품(Šaduppûm)으로, 기원전 2100년경 중흥기를 맞은 고대 에쉬눈나(Ešnunna) 왕국의 한 지역이었다.[39] 서언

에는 이 왕국의 임금 다두샤(Dadūša)를 언급하지만 이 임금에 대해 자세히 아려진 바가 없다. 사실 에쉬눈나 왕국 전체에 대한 자료가 매우 빈약하여 이 왕조에 대해 잘 알 수 없다. 그래서 이 법전의 이름을 왕국의 이름을 따라 붙인 것은 일종의 고육지책 같은 느낌도 있다.

하지만 이 법률의 가치는 크다. 위 두 법전은 수메르어 법전이지만 이 법전은 현존하는 가장 오래된 아카드어 법전으로서, 후대의 함무라비 법전에 큰 영향을 준 것으로 보인다. 서언은 짧고 법조문은 체계적으로 정리되어 있지 않다.[40]

(4) 함무라비 법전

1901-1902년 프랑스 고고학자들이 수사에서 발굴한 섬록암 석비에 쓰여진 본문으로 현재 파리 루브르 박물관에 보관되어 있고, 학문적으로 CH(Codex Hammurapi)라는 약자로 쓴다. 함무라비(Hammurabi)로 널리 알려져 있지만, 함무라피(Hammurapi)로 쓰는 것이 더 정확할 것이다. 본디 아무르인이었던 그의 이름은 아무르어로 '아무라피'(Ammurāpi = Ammu '친족, 민족' + Rāpi '치유자')이고, 이를 아카드어로 '함무라피'로 옮겨쓰는 게 옳기 때문이다.[41]

고바빌론 제국의 전성기를 이끌었던 함무라피 임금(재위 기원전 1793-1750)은 '메소포타미아 역사에서 가장 유명한 왕'[42]라고 할 수 있다. 그가 재위 말년에 반포한 이 법전은 문학적으로도 걸작이고 내용도 체계적으로 정리되어 있어 후대에 법전의 모범으로 수용되었다. 여러 민족의 법전에 인용되었을 뿐 아니라 즐겨 낭독되었기에 수많은 사본이 존재한다. 또한 히브리 성경의 법에도 큰 영향을 끼쳐, 히브리 성경의 율법과 함무라비 법전의 관련성 연구도 활발히 이루어졌다.

현재 루브르 박물관에 보관된 섬록암 석비는 함무라피 임금 시대에 제작된 것이지만, 훗날 바빌론의 몰락과 함께 기구한 운명을 맞아야 했다. 기원전 1155년경 엘람(Elam) 왕국의 임금 슈트룩-나훈테(Šutruk-Nahhunte)가 바빌론을 침략하여 막대한 전리품을 약탈했는데, 이 비문은 약탈품에 속했다. 이 당시 바빌론은 약체로 몰락한 상황이어서 슈트룩-나훈테의 아들은 바빌론을 다시 침공하여 마르둑 신상을 훔쳐 왔을 정도였다. 그래서 수많은 바빌론 제국의 유물들이 바빌론이 아니라 엘람의 수도 수사(Susa)에서 발견되었다. 이 석비도 1901년까지 거의 3천년간 수사에 있었다가 현재는 파리로 옮겨졌다. 엘람인들은 석비 표면을 의도적으로 갈아서 일부 내용을 지워 버렸지만, 다른 사본의 도움을 받아 복원할 수 있다.[43]

(5) 중기 앗시리아 법전

중기 앗시리아 법전은 1차 대전 발발 직전에 독일 고고학자들이 앗시리아 제국의 수도 앗슈르(Aššur)에서 발굴했다.[44] 티글랏필에제르 1세(Tiglatpileser I. 재위 기원전 약 1115-1076년) 때에 반포된 듯한데, 현재 남아 있는 사본은 기원전 12세기의 사본이다.[45] 이 법전에는 기원전 14세기에서 11세기에 이르는 중기 앗시리아 왕조의 사회상이 잘 드러나 있다. 중기 앗시리아 왕조는 잦은 전쟁을 통해 영토를 확장한 군국주의 사회였다. 남자는 건설 사업이나 전쟁에 징용되었으며, 징용된 사람에게는 땅을 나누어 주었다. 다른 사람을 고용하여 징용을 대신하는 경우, 징용 기간의 가족 부양, 포로가 된 사람의 가족 문제 등이 특히 자세히 다루어졌다.[46] 이 법을 통해 우리는 '앗시리아 사회가 엄격한 행동 규율을 신민들에게 부여한 왕궁중심의 사회'라는 점을 알 수 있다.[47]

5. 시리아-필리스티아와 아나톨리아

한편 시리아-필리스티아 지역과 아나톨리아 반도는 고대 근동의 법문화에서 약간 변방이라고 할 수 있을 것이다. 발견된 법전도 많지 않고, 그나마도 메소포타미아의 법전과 비교해 보면 질이 떨어짐을 알 수 있다.

인도유럽어를 쓰는 히타이트인의 수도 핫투샤(Hattuša, 현재의 Boğazkale)에서 1906년 이후에 발견된 여러 조각 토판의 모음집을 히타이트 법전(HG)이라 하는데, 사실 학자들은 이것이 과연 '법전'인지 의심을 품고 있다. 법의 창제와 반포 과정에 대한 언급은 없고, 주된 내용은 '권리와 의무의 명확한 제시'라기 보다는 '법적 지혜 모음집' 또는 '판례 모음집'이라고 할 수 있기 때문이다.[48] 현재 주요 판본으로 전해지는 것은 대략 기원전 1600-1200년에 기록된 것이다.[49]

한편 메소포타미아보다 도시국가의 규모나 인구도 적고 문화적으로도 우월하지 못했던 시리아-필리스티아 지역에서는 법전이 발달하지 못했다. 도시국가 우가릿에서는 다양한 신화, 의례 규정, 편지, 공문서, 계약서 등이 다양한 언어로 출토되었지만, 메소포타미아의 다양한 법전과 비교할 수 있는 수준의 법전은 발견되지 않았다.[50] 다만 개별적 소송에 관한 기록이 주로 이야기 형태로 발달되었다.

이런 특성은 히브리 성경의 룻기에서 잘 볼 수 있다. 과연 룻기에 언급된 혼인 관련 관습과 구원자 규정이 룻기 이전에 확립된 것인지(그렇다면 그런 규정을 왜 룻기는 명시적으로 제시하지 않았는지?), 또는 룻기가 그런 혼인 관습과 구원자 규정을 설명하기 위한 책인지(그렇다면 왜 신명기 등에서 보이듯, 더 짧고 일목요연한 예제를 제시하지 않았는지?) 논쟁의 여지가 있다. 이 점은 법의 기원과 취지를 설명하는 '이야기'가 먼저냐 또는 그런 이야기의 기원이 되는 '법 문장'의 성립이 먼저냐 하는 문제가 되기도 하지만, 다른 한편으로 이야기 그 자체가 법적 효과를 지니는 것으로 이해할 수도 있다. 다시 말해, 법적 기원과 취지를 설명하는 이야기와 법 문장의 성립을 현대인처럼 선명하게 구분하지 않을 수도 있다는 것이다.

6. 고대 근동 법의 독특성과 그를 이해하기 위해서

앞에서도 언급했듯, 이런 고대 근동 법은 근대법과 여러모로 다르기 때문에, 연구자들이 특히 주의해야 할 점이 있다. 우선 형식적인 면에서, 고대 근동 법전들은 근대법의 형태와 매우 다르다. 법률이 현대법 체계와 달리 체계적으로 분류되어 있지 않을 때가 많고, 일부 법전에는 형사법과 민사법이 뒤섞여 있기도 한다. 히브리 성경에는 심지어 민사법과 전례법도 뒤섞여 있다.[51] 재판 등의 법적 절차가 아예 명시되어 있지 않거나, 지나치게 적게 명시된 것들도 있다. 법적 행위의 의도와 객관적 행위가 분리되어 있지 않은 것도 있다.

때로는 아무리 고대 근동 세계가 지금과 다르다고 해도, 형벌의 경중이 지나치다는 느낌을 주기도 한다. 대표적으로, 다양한 투석형의 경우를 보면 과연 이런 이유로 그런 극한 형벌을 내려야 했을까 하는 느낌을 지울 수 없을 때가 있다. 그리고 아무리 고대 사회라 할지라도 일상생활에 꼭 있어야 할 법이 빠진 느낌을 받기도 한다. 이를테면 "바빌로니아의 법에서는 방화, 반역, 가축 절도, 보증, 물물교환, 살인, 살인, 노예 해방, 판매에 대해서 단 한 건의 사례도 찾아볼 수 없다".[52] 이런 분야 가운데 일부는 오히려 현대보다 고대 사회에서 더 중요한 것일 수도 있다. 그래서 과연 '이런 법전만으로' 그리고 '이런 법전의 문자 그대로' 현실적인 법 생활이 가능했을지 늘 의문이 제기되었다.

그래서 이런 고대 근동 법의 성격을 정확히 이해하기 위한 노력이 꾸준히 있어 왔다. 그동안의 학문적인 연구 결과를 웬햄(Wenham)은 크게 두 가지로 나눠 요약해 준다.[53] 첫째는 고대 근동 법이 '삶의 모든 경우'를 다루려는 목적이 아예 없었고, 오직 '중요한 판례들'(key decisions)을 기술했다는 것이다. 곧 판관이 판결을 내리는 데 실질적 도움이 될 수 있는, 일종의 '핵심 판례 모음집'의 목적으로 기술되었다는 것이다. 이 견해에 따르면 고대 근동의 판관은 재량권이 무척 컸을 것이다. 또한 이 해석은 고대 근동 법이 '실정법'으로서 기능했다는 전제를 따른다고 할 수 있다.

둘째는 고대 근동 법전이 '이념적 관심'(ideological concerns)을 반영한다고 보는 것이다. 고대 근동의 법전이 '법전'이라기보다는 서기관의 '학문'이나 임금의 '찬양'이라는 문헌이라고 보는 견해다. 곧 법 문헌의 형식을 빌려 사회의 근간이 되는 신학과 철학 등을 표현한 '문헌 모음집'이며, 그렇기 때문에 실정법으로서 기능하기는 애초부터 어려웠다는 것이다. 실제로 최근의 고대 근동학 연구에서는 함무라비 법전의 성격을 다음과 같이 소개하고 있다.

학자들은 '법전'이라는 용어는 옳지 않다고 주장한다. 그것은 법문이 아니라, 함무라비를 모범적인 정의의 왕으로 묘사하는 비문이다. … 함무라비가 자신의 왕국에서 정의를 행하는 왕임을 생생한 예들로 증

거하는 문서라고 할 수 있다.[54]

때로는 중요한 법철학이나 법의 원칙이 바뀐 경우에, '전통적 관습의 혁신(innovation)이나 개정(reform)을 제안하는 모음집(collection)'[55]의 기능을 했을 수도 있다. 그렇기 때문에 히브리 성경 등에서 상반되는 원칙이 한 법전 안에 모두 보존될 수 있다는 주장이다. 이를테면 히브리 성경에서는 "조상들의 죄악을 아들 손자들을 거쳐 삼 대 사 대까지 벌한다."(탈출기 34:7, 신명기 5:9)는 규정이 있는가 하면, "아들은 아버지의 죗값을 짊어지지 않고, 아버지는 아들의 죗값을 짊어지지 않는다"(에제키엘 18:20)는 완전히 상반된 규정이 있다. 이런 경우에, 히브리 율법서는 법철학의 큰 원칙이 바뀐 혁신안을 모두 기록한 것이라고 해석한 것이다. 이 해석에 따르면 고대 근동의 법은 구전으로 시작된 장구한 전승을 모두 포괄한 성격을 지닌다. 그렇다면 고대 근동의 서기관이나 판관들은 법률집을 일종의 '전승의 대계(大系)'로 받아들였을 것이라고 볼 수 있다.

끝으로, 고대 근동의 법을 이해하기 위해서 꼭 덧붙여야 할 점이 있다. 고대 근동의 역사는 3천 년이나 되는 긴 세월 동안 비교적 광대한 곳에서 벌어진 역사이므로, 지금까지 나열한 개별 법전의 지역적, 시대적, 언어적 독특성 또한 크다는 사실이다. 우리 눈에는 이 모든 법들이 '고대 근동 세계의 법'으로 인식될지 모르지만, 이 법전들 사이의

상이성 또한 클 것이다. 그러므로 각 법전마다 고유한 시대적, 정치적, 신학적, 언어적 배경으로 '고유한 법철학'을 제시한다는 점을 무시해서는 안 된다.

7. 나가며

지금까지 보았듯이 고대 근동 세계 안에서도 법에 대해서 다양한 견해가 존재했음을 인식해야 한다. 이집트와 메소포타미아는 법에 대해서 확연히 다른 문화를 꽃피웠으며, 아나톨리아와 시리아-필리스티아 지역은 그 중간쯤이라고 볼 수 있을 것이다.

일찍이 법 문화를 발달시킨 메소포타미아의 법은 현대법과 여러모로 달랐다. 우선 메소포타미아의 법은 총체적이고 종합적 성격을 지니고 있었다. 고대의 신학과 철학에 굳건히 기반을 두고 있고, 당대의 정치, 경제, 문학, 지혜 등이 함께 녹아들어 있다. 그러므로 메소포타미아의 법을 연구하는 일은 고대 근동 세계의 종교와 사상부터 정치와 경제와 일상생활까지 들여다볼 수 있는 통로가 된다.

이런 특징을 깊이 이해한다면, 현대인의 실정법적 개념으로 고대법을 이해하고 적용할 수 없다는 점을 깊이 인식할 수 있을 것이다. 그리고 이런 주의점은 고대 근동 세계를 배경으로 태어난 히브리인들의 율법과 코란을 해석할 때도 깊이 고려되어야 할 것이다. "고대 근동의 자료들은 법이 다양한 목적을 지니고 있었음을 알려 준다."[56]

유대교의 법 전통

- 종교적 틀과 사회적 기능

윤 성 덕 _ 연세대 신과대학

1. 들어가며

유대교라는 말이 정확히 무엇을 가리키는지 정의하기는 그리 쉽지 않다. 유대인들이 믿는 종교 혹은 히브리 성서의 종교를 계승하여 랍비들이 가르친 종교라고 생각하면 매우 분명한 것 같지만, 유대인이 누구인지 결정하는 기준은 무엇인지 또는 랍비들이 가르친 바가 종교인지 문화인지를 묻는다면 쉽게 대답할 수 없다는 점을 깨닫게 된다. 그 이유는 유대교라는 말 안에 종교적 요소와 민족 공동체와 관련된 정치적 요소가 함께 포함되어 있기 때문이다. 특정한 신조와 가치 체계를 가르치고 있는 동시에 구체적인 정치적 상황 속에서 취해야 할 생활 방식을 논의하고 있다는 말이다. 추상적인 지적 체계를 부인하는 것은 아니지만, 형이상학적인 사색보다는 역사에 나타난 신의 사역을 고찰하고 그 안에서 찾을 수 있는 원리를 새롭게 오늘에 적용하려는 노력이 유대교와 관련된 논의의 대부분을 차지한다. 그러므로 유대교는 자연스럽게 사회 전체와 개인이 어떤 관계를 맺고 살아야 하는지 직간접적으로 언급하게 되고 결국 그런 행동의 원리 즉 법 전통을 발전시키게 되었던 것이다.

이런 유대교의 특징을 다른 말로 표현한다면 어떤 개인이 자기를 유대인이라고 규정할 때 유대 공동체에 속한 다른 개인들과 공유하는 단일하고 매우 강력한 체험에 기초하여 자신의 정체성을 규정하게 된다. 즉 유대인의 하나님이 유대 민족과 관련된 역사적 사건에 개입하셨고 그 사건의 결과가 현재 특정한 방식으로 나타났다는 해석을 공유하고, 그 해석이 일종의 패러다임이 되어 이와 관련된 현재 상황을 특정한 방향으로 이해하도록 이끈다는 것이다. 그래서 어떤 구체적인 세계관을 공유한 사람들이 공동체 의식을 가지고 자기들만의 생활방식을 유지하며 살아가게 된다. 그래서 종교와 역사와 법이 서로 긴밀하게 엮이고, 정치적 경제적 이해관계가 다시 종교와 관계를 맺는 복잡한 관계망이 형성되는 것이다.

그렇다면 유대인들이 정체성을 규정할 때 가장 중요하게 생각하는 역사적 사건은 무엇일까? 유대인들의 하나님이 세계를 창조했고 자기 조상들을 선택해서 복을 주셨으며, 이집트에서 기적적으로 탈출해서 이스라엘 땅에 정착했다는 이야기들이 모두 그 일부분을 차지할 것이다. 그러나 유대인들이 현대를 살아갈 때도 그들에게 큰 영향을 미치는 경험은 무엇보다 시내산에서 모세가 하나님으로부터 '토라'(Torah)를 수여받았다는 사실일 것이다. 이 사건은 신이 유대인들을 선택했다는 종교적 주장은 물론 이 선택이 무조건적이지 않고 계약적이며 유대인들이 신이 원하는 방식으로 살아야 한다는 법적 의무를 강조한다. 이와 함께 '유배와 귀환'이라는 경험도 매우 중대한 역할을 맡고 있다. 신의 선택과 계약이 파괴되고 유대인 공동체가 역사적으로 단절되는 경험이었기 때문에 이 문제를 해결하지 않고는 더 이상 미래를 기대할 수 없는 상황이 되었다. 그래서 이 단절 이후에 유대인이라는 정체성을 지속시키기 위한 방법을 추구하며, 신과의 계약을 재개하고 자기들의 땅 위에 거주하는 것을 이상향으로 삼게 된 것이다. 그리고 이 꿈을 성취하는 방법은 역시 특정한 생활 양식을 규정하는 법 전통이었던 것이다.

그 외에도 역사적으로 본토보다 외국에 사는 유대인들이 더 많다는 특이한 상황은 정치적인 약점을 종교적으로 극복해야 한다는 쉽지 않은 과제를 안겨 주었다. 그렇지만 우리가 잘 아는 바와 같이 유대인들은 다른 민족 사회에 동화되기보다는 독특한 종교적 문화적 성격을 보존하며 자신들을 사회와 구별하는 데 성공하였고, 오히려 이런 종교적 문화적 요인들을 결속과 연대를 다지는 수단으로 사용하였다. 일반 농경지보다 큰 도시에 몰려 살 수밖에 없었던 상황도 유대인의 생활을 규정하는 구조적인 틀을 제공하였으며, 그 안에서 마주치는 상황 속에서 유대인으로 살아가기 위해서 오랜 시간과 많은 노력을 통해 독특한 생활의 원리를 구성하게 된 것이다. 이렇게 고대는 물론 현대에도 끊임없이 자기 자신과 자기가 사는 생활 환경을 재정의하고 전통적인 정체성을 새롭게 규정해 나아가는 노력이 우리가 아는 유대교의 모습으로 나타났던 것이다.

그 결과 유대교는 단일한 상황에서 누구나 인정하는 보편적인 원리를 이론적으로 창조해 낸 것이 아니라, 서로 다른 상황 속에서 가장 정직하게 유대인으로 사는 모습을 찾아내려는 다양한 모습들로 나타나게 된다. 그래서 관습적으로 유대교라는 이름 하나로 가리켜 부르고 있지만 사실 서로 상충되고 반대되는 다채로운 이해와 사상들이 혼재하고 있으며, 그런 의견들을 모두 상 위에 올려놓고 난상토론을 벌이는 것이 바로 유대교의 특징이라고 말할 수 있다. 다른 말로 하자면 유대교의 법 전통은 하나님과 계약을 유지하기 위해 유대인의 정체성을 지키며 살아야 한다는 대원칙을 제외하고는 모든 상황 속에서 모든 가능성을 열어놓고 구체적인 삶의 현장과 전통이 각축을 벌이는 현장이다. 그래서 유대 학자 제이콥 뉴스너도 다음과 같이 말한다.

"다른 분파에게 영향을 받지 않고, 배타적으로 지배적인, 단일한 유대교는 지금도 그리고 역사상으로도 존재하지 않았다."[1]

그래서 이 글은 유대교라는 이름 아래 오랜 세월 동안 다양한 역사적 배경 속에서 펼쳐져 왔던 종교와 법 전통의 변화들, 특정한 시간과 공간의 요구에 맞서서 유대인으로 살아남기 위해서 애썼던 노력들을 폭넓게 살펴보는 것을 목적으로 한다. 다시 말하면 유대식 법 전통을 종교와 역사라는 틀을 통해 조명하고 어떤 사회적 기능을 담당하였는지 살펴보고자 하는 것이다. 그러므로 본론은 역사의 흐름을 따라 진행될 것이며, 히브리 성서의 배경이 되는 이스라엘 왕정 시대, 독립을 잃은 후 제국의 식민지로 살던 제2 성전 시대, 신전이 없는 상태에 적응하며 형성된 랍비유대교 시대, 중세, 그리고 현대로 시대를 구분하여 서술할 것이다. 물론 이렇게 삼천 년이 넘는 역사를 짧은 글로 요약한다는 것 자체가 무모한 일이긴 하지만, 각 시대를 상징하는 특징을 알아보고 그 시대를 살던 유대인들이 어떤 법 전통을 발전시켰으며 사회적으로 어떤 기능을 염두에 두고 있었는지를 개략적으로 연구할 것이다.

2. 왕정 시대 법 전통

유대교의 법 전통이 역사적 배경에 따라 어떻게 기능해 왔는지를 살피기 위해서 먼저 왕정 시대(기원전 1000-586년)를 살펴보고자 한다. 물론 이 시기에 '유대교(Judaism)'가 존재했느냐고 묻는다면 용어를 어떻게 정의하느냐에 따라 다른 대답이 나올 것이다. 이 시기에 '유다(Judah)'는 지명이었고 나라의 이름이었는데, 유다 거주민들이 공식적으로 인정하는 단일한 종교가 있었는지는 그리 확실하지 않기 때문이다. 왕실과 종교 관련 전문인들이 국가 종교로 인정하던 제의와 관습이 있었고 또 서로 다른 유다 거주민 집단들이 지역적으로 시행하던 제의나 관습이 있었다. 그러나 위에서 논의한 바와 같이 유대교는 보편적이고 단일한 교리 체제가 아니기 때문에 이런 상황이 특별히 문제 될 일은 없다. 오히려 이 시기를 겪으면서 역사적으로 문화적으로 경험한 결과가 히브리 성서로 결실을 맺기 때문에 유대교에서 가장 중요한 종교적 법적 전통이 이때 형성되었다고 말해도 과언이 아닐 것이다.

왕정 시대의 종교는 정해진 시간에 정해진 장소에서 정해진 방법으로 희생제사를 드리는 방식으로 유지되었다. 개인이 인격적으로 신과 관계를 가진다든가 특정한 교리를 인정하는 방식과는 매우 다르게 지역이나 혈통을 초월하는 '이스라엘'이라는 공동체의 일원으로 미리 정해진 종교적 규칙을 따르는 것이 최선의 종교적 성취로 간주되었다. 이때 미리 정해진 제의와 관습들은 '토라'라는 이름으로 대표되었으며, 토라에 기록된 바를 지키는 일은 성전에서 일하는 사제 계급과 이 성전을 경제적으로 후원하는 왕궁을 중심으로 유지되었다. 다른 말로 하면 왕정 시대 종교는 교리보다는 제의의 옳고 그름을 따지는 형태를 가지고 있었고, 이런 종교 체계는 유다 왕궁과 정치적 이해관계를 공유하면서 유지되었다는 말이다.[2]

그렇다면 이런 종교 체제하에서 성립된 법 전통은 사회질서 유지와 국가 체제 확립이라는 목적을 위해 기능하였을 가능성이 높다. 히브리 성서에 남아 있는 법 전통을 보더라도 왕의 권위와 그가 지배하는 나라의 안정을 목적으로 삼고 있는 규칙들을 쉽게 찾아볼 수 있다.[3] 그러나 특정한 사회 상황이 반영되어 있지 않은 법조항들은 정확히 어떤 시대에 생성되었는지 확신할 수 없기 때문에 왕정 시대를 배경으로 법 전통이 어떻게 기능하고 있는지 잘 보여주는 예를 찾아 보자면 이스라엘 왕 아합이 나봇이라는 사람의 포도원을 탐내던 이야기를 들 수 있다(열왕기상 21:1-29).[4]

아합은 북왕국 이스라엘의 왕으로 외국인 왕비를 아내로 맞아 우상숭배를 하였고 어떤 다른 왕들보다 사악한 정치를 하였다고 평가받는다(열왕기상 16:29-33). 그런데 바로 이 아합 왕이 이스르엘이라는 지역에 있는 농지를 탐냈는데, 이곳은 나봇이라는 사람의 소유로 포도를 기르고 있었다. 왕은 다른 지역에 있는 농지를 주겠다고 제안하면서 이 포도원을 자신에게 넘기라고 하였으나, 나봇은 조상 대대로 물려받은 유산을 팔기를 거절한다. 여기서 히브리 성서가 묘사하는 것처럼 아합이 사악한 사람이었다면 폭력으로 나봇의 포도원을 갈취할 수도 있었을 텐데, 아합과 그의 아내 이세벨은 허위로 명예훼손 사건을 만들어 나봇을 고소하여 재판을 받게 하였고, 결국 유죄를 선고 받은 나봇은 사형을 당한다. 아합 왕은 그 후에 그 포도원을 차지한다. 이때 엘리야라는 선지자가 이 사건을 비판하자 왕은 자기 잘못을 인정하였고, 처벌도 면제 받았다.

사건의 전체적인 전개를 보자면 아합은 부도덕한 방법으로 다른 사람의 재산을 빼앗았고, 선지자의 비판을 들었으며, 당장은 처벌을 면했으나 나중에 아합은 처참한 죽음을 맞는다(열왕기상 22:34-35, 37-38). 즉 우상숭배와 범죄를 일삼던 아합 왕은 하나님의 선지자가 예언한 대로 벌을 받게 되었다는 말이다. 그런데 이 사건이 전개되는 양상을 살펴보면, 사악하다고 평가를 받은 왕도 일정한 절차적인 법 전통을 따르고 있는 것을 볼 수 있다. 아합은 폭력으로 자기 백성들의 재산을 함부로 빼앗지 않고 공식적인 법 규정과 사법 체제를 통해서 자신의 이해관계를 관철시키고 있다. 다시 말해서 왕정 시대에도 사회를 정상적으로 운영하기 위해서 사회 구성원들이 합의하에 복종해야 할 법 전통이 있었고 이를 강제하는 사법제도도 있다는 사실을 확인할 수 있었다는 것이다. 물론 이런 제도를 어떻게 운용하느냐 하는 것은 다른 문제이며, 이 이야기의 주인공은 이런 사법 체제를 이용해서 개인적인 욕망을 충족시키지만, 당시 존재했던 법 전통이 사회 유지와 국가 체제 운영을 위해 기능하였다는 사실은 확실하게 말할 수 있다.

이런 면에 있어서 이스라엘이나 유다 사회는 고대 서아시아에 존재했던 다른 국가들과 비교할 때 큰 차이가 없었다고 말할 수 있다. 메소포타미아 문명권에서는 일찍이 수메르 시대부터 우르남무 법전과 리피트-이쉬타르 법전을 제정하였고, 그 뒤로 에쉬눈나 법전, 함무라비 법전, 중기 앗시리아 시대 법전, 신바벨 시대 법전 등 다양한 법 규정들을 글로 써서 남겼다.[5] 이런 법전들은 대개 신들로부터 왕이 직접

수여받았다고 말하며 그 권위를 주장하고, 민법과 형법에 걸쳐서 상세한 법 규정과 처벌 규정을 논의하고 있다. 다시 말해서 고대 서아시아의 정치인들은 이미 문명이 발생하던 초기 단계부터 사회를 운영하는 기본 원리로 법 전통을 세우고 강제하는 방법을 채택하였음을 알 수 있고, 이때 이런 법 규정은 물론 그 사회를 안정적으로 유지시키는 것을 목적으로 했을 것이다. 그러므로 이런 면에서 고대 이스라엘이나 유다도 큰 틀에서 벗어나지 않았다는 것을 알 수 있다.

3. 제2 성전 시대 법 전통

왕정 시대는 기원전 8세기에 이스라엘이 그리고 기원전 6세기에 유다가 멸망하면서 마감하게 되고, 앗시리아 제국을 시작으로 바벨 제국과 페르시아 제국, 그리스인들의 셀류코스 제국, 그리고 로마 제국이 유대인들을 지배하게 된다(기원전 586년-기원후 70년). 신바벨 제국이 유다를 점령하고 왕족과 지배층 인사들 그리고 기술자들을 포로로 잡아간 후 육십여 년 만에 스룹바벨이 귀향하고 백 년이 지나기 전에 에스라가 돌아오는데, 이들은 예루살렘 성을 재건하고 성전을 건축하는 등 왕정 시대를 부활시키는 것을 목표로 삼은 듯하다. 그러나 너무나도 강렬한 역사적 경험을 하고 난 뒤였기 때문에 과거와는 사뭇다른 종교적 이해를 가질 수밖에 없었고, 정치적 독립을 잃은 상태였기 때문에 이들이 추구하는 법 전통이 왕정 시대와 같은 기능을 할 수는 없었다. 이 시대의 유대인들은 사용하는 언어부터 조상들과는 다른 아람어를 사용하였고, 이스라엘의 하나님을 부르는 호칭도 달랐으며('하늘의 하나님', 에스라 7:12), 사회 지도층의 성격도 달랐다(학자 혹은 서기, scribe).

귀환한 유대인 포로들의 법 전통은 한마디로 '배타성'이라는 특징을 강하게 드러낸다. 이들은 종교적 정치적 공동체 '이스라엘'에 참여할 수 있는 사람과 그렇지 않은 사람을 분명하게 구분하고자 하였으며, 이런 태도는 방대한 족보들(에스라 2:1-67; 8:1-14; 느헤미야 7:5-69)과 북부 사마리아 사람들을 공동체의 일원으로 인정하지 않는 방향으로 드러난다(에스라 4:1-6). 유대인의 정체성은 바벨에 포로로 잡혀갔다가 돌아온 귀환자들의 정의에 의해 배타적으로 규정된다. 이런 이해는 외국인 아내를 맞아 살고 있던 이스라엘 백성과 제사장들과 레위 사람들에게 강제로 이혼을 요구하는 상황에 이르러서 가장 상징적으로 현실에 나타난다(에스라 9:1-10:44).

이런 배타적인 종교는 융통성 있는 다신교 체제에서 단일신교 체제로 이행하고 있는 고대 서아시아 종교의 전반적인 흐름과 궤를 같이하고 있으며, 법 전통이라는 측면에서 보면 정통성 있는 소수의 구성원을 확보하려는 노력으로 평가할 수 있다. 왕정 시대에는 정치 지도자가 공인한 법 규정을 될 수 있는 한 넓은 범위의 백성들에게 적용하는 통치 방법을 추구했다면, 독립을 잃고 넓은 제국 안에서 소수민족으로 살면서 유대 공동체의 운명을 걱정하던 지도층은 독특하고 단일한 종교와 사상을 공유하는 '참된 이스라엘'을 보존하는 것이 더 급한 의무라고 이해했던 것이다. 다시 말해서 당시 유대 식민지가 스스로 유대인이라고 생각하며 살던 사람들에게 그 만큼 든든한 울타리가 되어 주지 못했고, 몇 백 년 동안 이어져 내려오던 종교적 사상적 전통이 한순간에 물거품이 된 상황 속에서 아예 유대 정체성을 포기하거나 아니면 더 철저하고 확실하게 전통을 재창조해야 하는 선택을 강요받았던 것이다. 히브리 성서에 관한 비판적인 연구 결과를 받아들인다면 오경의 법 전통 속에서 이스라엘의 하나님을 배타적으로 섬기도록 강조한 규정들은 바로 이런 상황 속에서 발생했다고 추정할 수도 있을 것이다.[6]

한편 지중해 동부 해안을 비롯해서 아시아와 아프리카가 알렉산드로스 대왕의 손에 넘어간 이후(기원전 333-332년) 이 지역 거주민들은 헬레니즘의 영향을 받게 되었다. 유대인들이 더 이상 히브리 성서를 읽을 수 없었기 때문에 아람어(Targum) 그리스어(칠십인역, Septuagint)로 번역해야 했다는 사실은 이런 상황을 잘 드러낸다. 그 후 셀류코스 왕조의 통치를 거쳐 로마 제국의 지배를 받기 시작하면서, 이미 흩어져 산지 오래된 유대인(디아스포라)들은 식민지 거주민들을 동화시키려는 제국 정부들의 정책에 적응하며 살 수 밖에 없었다(Jos. Antiq. XII iii: 4; Jos.

War VI viii: 2; ix: 3). 유대인 공동체들은 이탈리아, 스페인 그리고 갈리아에 존재했던 것으로 알려져 있는데(Philo, On the Embassy to Gaius XXIII) 흩어져 사는 유대인들이 실제로 어느 정도 율법을 지켰는지는 알 수 없지만, 유대공동체에 속한 사람들은 가능한 한 모세의 율법을 따라야한다는 생각 정도는 가지고 있었을 것으로 추정한다. 열심이 있는 유대인들은 율법을 읽고 공동 예배에 참석하고 교육이나 축제 등 행사와 집회를 열기 위해 회당을 건설하였다(Philo, On the Special Laws, ii: 62). 큰 도시에는 회당이 꼭 있었고, 알렉산드리아에는 수없이 많았다고한다(On the Embassy to Gaius XX). 그렇다면 이 시대에 살던 유대인들은 대제국들의 지배를 받으면서 그들의 결정에 따라 급변하는 주변 정황과 사상적 문화적 상황에 영향을 받지 않을 수 없었지만, 이에 대항하여 배타적인 정체성을 지키기 위해서 노력했다고 말할 수 있다.

4. 랍비유대교 시대(기원후 70-600년)

기원후 70년 예루살렘이 함락되고 성전이 파괴되자 왕정 시대부터 이어져 내려오던 전통적인 유대 종교는 더 이상 유지될 수 없었고, 성전에서 드리는 희생제사 대신 회당에서 '토라'를 읽고 기도를 드리는 종교로 탈바꿈을 하게 되었다. 이런 형태의 종교가 바로 우리가아는 유대교의 시작이라고 할 수 있다. 성전이 사라지면서 자연스럽게 제사장이나 레위 사람들도 사라졌고, 유대교는 토라를 연구하고 가르치는 선생들 즉 랍비들의 인도를 따라 새로운 시대에 적응하려고 노력하였다. 랍비들은 '크네셋 학그돌라' 또는 '산헤드린'이라는 단체를 통해 교류하며 전통을 계승해 왔다고 한다. 고대 랍비 중 화평과 사랑과 자비를 가르쳤던 랍비 힐렐은 유대교의 윤리적 측면을 강조하였고, "네가 싫어하는 것을 남에게 시키지 말라(『바빌론 탈무드』, 샤밧 30b-31a)"는 금언을 남긴 것으로 유명하다. 율법 해석(Halakha)의 근원이 되는 해석 원칙 일곱 개를 확립한 것도 중요한 업적으로 평가받는다. 같은 시기에 살며 존경을 받던 랍비 샴마이는 좀 더 근엄하고 보수적인 가르침을 폈던 것으로 알려져 있는데, 결국은 힐렐 학파가 득세했던 것으로 보인다. 성전이 파괴되던 결정적 시기에 랍비 요하난 벤 자카이는 당시 로마 장군이었던 베스파시아누스와 협상을 통해 야브네에 학교를 지어 교육을 계속해도 좋다는 허락을 받았다(『바빌론 탈무드』, 깃틴 56ab). 그리고 그의 학교는 유대 전통에 관련된 권위를 인정받아서, 외국에 사는 유대 공동체가 종교 관습이나 절기에 관련된 질문을 보내오기도 했다. 그러나 유대인의 정치적 비극은 거기서 그치지 않고 바르 코크바 전쟁(132-135년)에 패배하여 하드리아누스 황제가 잔혹한 탄압을 시작하였으며, 이때 랍비 아키바가 처형을 당하기도 하였다. 금령이 풀린 후 갈릴리 지역으로 자리를 옮긴 랍비들은 그곳에서 산헤드린을 구성하였고(138년), 랍비 시므온 벤 가말리엘이나 『미쉬나』를 편찬한 예후다 한나씨와 같은 걸출한 인물들을 배출하기도 하였다. 이후 랍비유대교 시대의 법 전통은 랍비들이 할라카 자료들을 모아 편집하는 작업을 중심으로 이어진다.

랍비들의 법 전통은 '이중 토라'의 신화를 기본적인 뼈대로 삼고 있는데, 시내산에서 계시 받아 '글로 기록된 토라'와 '구전'으로 전해져 위대한 예언자들의 기억으로 전승된 '토라'가 있다고 한다. 그런데 바로 이 구전 토라가 시내산의 토라를 재해석하여 당시 현실에 적용하는 원리가 되었다. 랍비 예후다 한나씨는 모세의 율법을 설명하고 보충한다는 의미에서 그때까지 존재하던 할라카 전통을 통일적으로 엮어서 『미쉬나』를 출간하였다(기원후 200년경). 그 후 이런 노력은 토세프타(Tosefta)나 브라이타(Beraita)로 이어졌다.[7] 율법 해석과 관련된 랍비들의 노력은 탈무드에서 그 절정을 이루는데, 기원후 400년경에 완성된 『예루살렘 탈무드』(Jeruslaem/Palestinian Talmud)와 이보다 200년 정도 후에 완성된 『바빌론 탈무드』(Babylonian Talmud)가 있다. 『예루살렘 탈무드』는 이스라엘 갈릴리 지역에서 완성된 율법 모음집으로 『바빌론 탈무드』보다는 분량이 적지만, 이스라엘 땅에서 일어난 일이나 당시 상황을 반영하는 법 전통이 보존되어 있다. 『바빌론 탈무드』는 『미쉬나』에서 시작한 율법 해석 전통을 가장 방대하게 수집한 결과라고 볼 수 있는데 2,763쪽에 달하는 엄청난 분량을 자랑하고 있다.[8]

어쨌든 랍비유대교는 정치적 공동체가 없는 상황 속에서 다른 문화와 종교에 대항하기 위해 랍비들의 권위와 가르침에 기대어 발전했음을 알 수 있다. 특히 로마 제국의 국교가 된 기독교는 유대인들에게 큰 걸림돌이 되었으며, 기원후 4-5세기에 유대교 전통은 기독교에 대응하는 논리를 개발하는 데 주력하였다. 이런 노력은 일상생활을 거룩하게 유지하여 미래 이스라엘의 구원을 대망하는 방향으로 모아졌는데, 위에서도 언급한 바와 같이 기원후 70년과 135년에 군사적인 패배를 겪고 난 이후 성전과 의례가 없는 유대교를 추구하면서 오히려 전 세계를 포함하는 거룩한 이상향을 설계하고, 이런 세계관을 바탕으로 유대식 생활 양식을 추구하였다. 다시 말해서 랍비유대교의 초점은 영적인 공동체 '이스라엘'이 살아가는 현세 역사에 맞추어져 있었고, 고난을 너머 최종적인 해방을 기대하였는데, 이 해방은 아직까지 개인의 구원보다는 민족의 구원이라는 형태를 가지고 있었다.

랍비유대교 법 전통과 관련된 주제를 몇 가지 예로 들면, 먼저 유대인은 누구이고 함께 공존하고 있는 다른 민족들은 누구인지 정체성에 관련된 이해가 가장 중요하게 떠오른다. 유대인들은 매일 아침과 저녁에 '쉐마 이스라엘(Shema Yisrael)'이라는 기도를 드려야 한다. 이 기도는 신명기 6장 본문을 기초로 하고 있는데, 하나님을 사랑하라는 명령 바로 뒤에 토라의 말씀을 어떻게 다루어야 하는지 그 방법을 가르치고 있다. 이스라엘 후손들이 토라 말씀을 공부하고 그 가르침을 따라 살아야 하며(신명기 6:6-7), 토라의 말씀을 눈에 보이는 곳마다 붙여서 경계로 삼아야 한다고 명령하고 있다(신명기 6:8-9). 만약 이 계명을 지키지 않으면, "너희의 하나님 여호와께서 네게 진노하사 너를 지면에서 멸절시키실까 두려워하라"고 했다(신명기 6:15). 성전이 파괴된 이후 희생제사에 관련된 율법들은 모두 파기가 되었지만 토라 말씀을 붙들고 살아야 한다는 이 율법은 오히려 더 강화되었고, 이 사실을 잊지 않기 위해 아침과 저녁으로 반복해서 이 구절을 기도해야 한다는 것이다. 그런데 랍비들은 새로운 질문을 던진다. "이 말씀을 … 강론할 것"이라는 문장에서 '이 말씀'이 가리키는 바가 무엇인가? 물론 토라에 기록된 하나님의 말씀이겠지만, 랍비들은 이런 단순한 해석에 만족하지 않고 '이 말씀'을 구체적으로 규명하기 위해 매달린다(씨프레 드바림 34). 랍비들은 먼저 레위기 18장 4절을 인용한다. "너희는 내 법도를 따르며 내 규례를 지켜 그대로 행하라." 여기서 우리말로 "그대로 행하라."라고 번역된 표현은 사실 '그대로 걸어라.'라고 직역할 수 있다. 하나님이 주신 명령을 길로 삼고 그 위를 걸어가라는 말씀이다. 랍비들은 성서 텍스트가 구체적으로 존재하는 나라이며 다른 텍스트 나라에 둘러싸여 있다고 생각한다. 그리고 독자는 성서 나라 안에서 살며 그 안에서 걸어다녀야지, 국경을 넘어 다른 나라로 넘어가면 안된다고 주장하는 것이다. 다시 말해서 성서는 독자가 읽어야 할 유일무이한 텍스트가 되어야 한다. 잠언 5장 15-17절도 같은 방식으로 해석한다. "너는 네 우물의 물을 마시며 네 샘에서 흐르는 물을 마시라. 어찌하여 네 샘물을 집 밖으로 넘치게 하며 네 도랑물을 거리로 흘러가게 하겠느냐? 그 물이 네게만 있게 하고 타인과 더불어 그것을 나누지 말라." 내 샘에서 나온 물이 토라라면 다른 사람이 마시는 물은 토라 이외의 다른 텍스트를 가리킨다. 그리고 절대 두 가지를 섞어서 읽으면 안 된다는 것이다. 결국 토라는 토라를 통해서 해석해야만 한다는 원칙이 형성되고, 낱말 하나를 원래 문맥에서 떼어 내어 다른 문맥에 적용한 후 새로운 해석을 찾는 미드라쉬식 책 읽기 기술이 발전한다. 이렇게 토라를 읽으면 "그것이 네가 다닐 때에 너를 인도하며 네가 잘 때에 너를 보호하며 네가 깰 때에 너와 더불어 말하리니(잠언 6:22)," 이 세상뿐만 아니라 메시야가 가져다 주실 다음 세상으로 '인도' 해 줄 것이라고 설명한다.

이렇게 랍비들은 신명기 6장으로 기도하며 살아가는 방법을 가르치면서 토라 텍스트를 삶 자체로 만들어 버린다. 토라는 유대인들의 삶의 중심에 위치해야 하고 또 그들이 읽는 텍스트의 전부여야 한다. 오직 토라만 읽어야 한다는 근본주의가 발생하는 순간이며, 토라 바깥에 있는 글은 금지된 지식이 된다. 제2 성전 시대에 시작된 배타적인 법 전통이 그대로 이어지며 유대인으로 살기 위해서는 절대 조상들의 전통을 놓고 타협해서는 안 된다고 가르친다.[9] 동시에 토라는 토라로 풀어야 하기 때문에 전형적인 해석 방법, 즉 문자 그대로 이해하는 페샷, 그 본문의 의미를 탐구하는 데루쉬, 그리고 문자 이면에 감추어진 신비하고 초자연적인 뜻을 추구하는 쏘드의 방법론이 탄생하는 이유를 잘 보여준다.

이와 연관되어 있지만 반대쪽 관점에서 설명한 것이 바로 유대인들이 주변에 같이 살고 있는 타 민족과 어떤 관계를 맺고 살아야 하느냐하는 주제이다. 예를 들어 신명기 27장 2-8절을 보면 이스라엘 백성이 가나안 땅에 들어가서 하나님을 잘 섬기며 살 수 있도록 교육을 시키던 모세는 그 땅에 들어갔을 때 큰 돌들을 세우고 석회를 발라 이 율법의 모든 말씀을 그 위에 기록하라고 명령한다. 일반적으로 그 돌들은 요단강 도강을 기념하는 돌들이었고, 자기들이 누구인지 가나안 거주민들에게 알리는 것이 목적이라고 설명한다. 그러나 『미쉬나』를 보면 이스라엘 백성이 요단강을 건너 돌들을 세우고 그 위에 석회를 바른 후 율법을 70가지 언어로 자세히 기록했다고 주장한다(『미쉬나』, 쏘타 7, 4). 다시 말해서 시내산에서 받은 율법은 하나님께서 이스라엘 백성에게 주셨는데, 가나안 땅에 들어가서 비석 위에 기록하게 될 율법은 글을 읽을 줄 아는 모든 이방인들에게 열어 준다는 뜻이 된다. 율법을 이스라엘 백성에게 주셨다는 사실은 변하지 않지만, 이방인들도 율법을 읽고 배울 점을 배워야 한다는 말이다. 『미쉬나』에 보존된 랍비들의 태도는 매우 개방적이고 진취적이라고 말할 수 있을 것이다.

그러나 논쟁은 거기서 끝나지 않는다. 후대의 랍비 예후다는 일단 석비를 세워서 율법을 모두 기록하고 그 위에 석회를 덮어서 가렸다고 주장한다(『바빌론 탈무드』, 쏘타, 35b). 그러자 랍비 시므온이 이 설명에 반대하며, 율법을 기록하는 것은 이방인들이 읽고 배우라는 것인데, 석회로 바르면 도대체 뭘 읽고 뭘 배울 수 있단 말이냐고 묻는다. 랍비 예후다가 변명한다. 하나님께서 원하시면 이방인들에게 지혜를 주사 자기들의 대표자를 보내 석회를 벗겨 내고 율법을 읽어 교훈을 얻을 것이라고 말한다. 랍비 시므온은 그 설명도 마음에 들지 않아 반대하고, 석회 위에 율법을 적었다고 고집을 부린다. 랍비 예후다는 다시 한 번 자기주장을 내세우며, 이방인들은 율법을 읽고 자기들이 그동안 살아왔던 생활을 이스라엘 백성 앞에 고백하여야 했으나, 그러지 않았다고 주장한다. 그래서 이방인들은 결국 '파멸의 웅덩이'에 빠지게 된다는 선고를 받았다는 것이다(시편 55:23 참조).

정리해 보면 랍비들 중에도 이방인들의 세계를 향해 열린 태도를 가져야 한다고 주장한 사람들도 있었지만, 랍비 예후다처럼 이방인들이 율법 앞에서 자기 죄를 숨기고 처벌을 면하려다가 결국 모두 멸망하게 되었다고 주장하는 사람들이 다수였던 것으로 보인다. 랍비 시므온처럼 이방인들이 스스로 율법을 받아들이고 이스라엘의 하나님에게 돌아올 기회가 있다고 주장하는 측도 있었지만 이론적인 가능성을 제시하는 데 그친 것으로 보인다. 자기 정체성을 확립해야 하는 유대인들 입장에서 어쩌면 당연한 선택이었는지도 모르겠다.[10]

종교적인 측면에서 랍비유대교가 히브리 성서 본문의 권위를 어떻게 이해했는지도 흥미로운 주제다. 예를 들어 고라와 다단과 아비람의 이야기는 그들이 모세의 권위에 도전했다가 벌어진 땅속으로 떨어졌다고 말한다(민수기 16:1-35). 그런데 랍비들은 고라와 그의 추종자들이 무슨 죄를 지었길래 산 채로 지옥에 떨어졌느냐고 물으면서, 그들을 쾌락주의와 관련시킨다(『예루살렘 탈무드』, 산헤드린, 10, 1). 어느 날 고라가 옷단 끝에 푸른색 술을 만들어 달라는 율법이 있는데(민 15:39), 만약 옷감 전체가 푸른색이어도 푸른 술을 만들어 달아야 하냐고 모세에게 질문했다. 이 질문은 이미 전체가 푸른 옷처럼 이스라엘 백성 모두가 거룩한데 특별히 푸른 술 즉 모세가 꼭 필요하냐고 묻는 것이다. 어차피 우리가 다 하나님의 택함을 받은 거룩한 백성인데 왜 모세가 특히 더 높은 척하며 지도자의 지위를 누리느냐 하는 질문이다(민수기 16:3). 그러나 모세는 그 속을 모르는 척 어떤 경우에도 푸른 술을 달아야 한다고 대답한다(신명기 22:12). 고라가 다시 하나님을 기억하기 위해 율법을 기록하여 문설주와 바깥문에 붙이라는 명령이 있는데(신명기 6:9), 만약 그 집이 하나님 말씀을 기록한 책으로 가득 차 있어도 그렇게 해야 하냐고 묻는다. 역시 책으로 가득한 집은 이스라엘 백성을, 문설주에 붙인 말씀은 지도자를 의미하는 말이었다. 모세는 이 경우에도 법대로 행하여야 한다고 대답한다(신명기 11:20). 고라가 지치지도 않고 셋째 질문을 한다. 피부에 무엇이 돋거나 색점이 생기거나 우묵

해지면 부정한가? 이 질문은 피부병에 관해 논하고 있는 레위기 13장 내용이기 때문에 모세는 부정하다고 대답한다. 그러자 기다렸다는 듯 고라가 말한다. 그렇다면 왜 문둥병이 머리부터 발끝까지 퍼져서 온 몸의 피부가 하얗게 변하면 왜 정결하냐고 묻는다(레위기 13:12-13). 셋째 질문에서 고라는 전체가 한 가지 성격으로 대표될 때 정결하다는 예를 찾아내고, 옷 술이나 문설주에 붙인 말씀과 화해할 수 없다고 주장하고 있는 것이다. 즉 토라는 한 가지 원칙으로 통일성 있게 기록된 작품이 아니며, 하늘에서 내려온 신성한 명령이 아니라고 주장한다. 이 질문을 받고는 드디어 모세도 더 이상 참지 못하고 하나님 앞에 탄원하였다. 하나님이 이 세상을 창조하셨다면 지금 이 순간 재창조가 필요하다고 기도하였다. 그러자 땅이 입을 벌리고 고라를 집어 삼켰다(민수기 16:30).

이 이야기에서 고라는 모세에게 대항하여 반란을 일으켰다는 원래 문맥에서 조금 멀리 떨어져 나와 토라가 일관적이고 단일한 하나님의 말씀인지 여부에 관해 의문을 제기하는 인물로 묘사되어 있다. 그리고 논쟁 내용으로 보자면 매우 설득력 있는 논점을 찾아내었다. 그러나 그의 논지는 더 이상 토론의 대상이 되지 못하고 일축당한다. 다시 말해서 랍비유대교는 객관적으로 의심할 수 있는 가능성을 인정하지 못하고, 하나님의 권위로 묵살한다(『미쉬나』, 아봇 5, 17 참조). 배타적인 정체성을 강조하던 태도와 비슷하게 유대교의 경전의 권위는 절대 도전할 수 없다는 근본주의적인 입장을 보여준다.

　그러나 모든 랍비들이 그런 태도를 가졌던 것은 아니다. 레위기라는 책은 주로 정결법을 다루고 있는데, 이 중 "내가 네게 기업으로 주는 가나안 땅에 너희가 이른 때에 내가 너희 기업의 땅에서 어느 집에 문둥병 색점을 발하게 하거든"이라는 구절은 집 벽이 이상한 색깔로 변하는 현상을 다루고 있다(레위기 14:34). 그런데 이 구절이 정확하게 어떤 현상을 가리키는지 이해할 수 없다. 탈무드에는 이 구절과 부모에게 대드는 자식을 사형에 처하라는 규칙, 우상을 숭배하는 마을은 몰살시켜야 한다는 규정 세 가지를 들어 과거에도 일어난 일이 없고 미래에도 없을 율법 규정이라고 규정한다(『바빌론 탈무드』, 산헤드린 71a). 율법이란 원래 현실 상황을 보고 이를 제어하기 위해 혹은 그 상황을 변화시키기 위해 규칙을 만든 것인데, 랍비들은 지금 그게 다가 아니라고 말하고 있는 것이다. 실제 상황에서 찾아볼 수 없어도 이론적이고 추상적인 율법 토론이 가능하다는 말이며, 오로지 학구적인 목적으로 기록된 율법이 있다는 주장인 것이다. 그런데 이야기가 거기서 끝나지 않는다. 랍비 요나탄은 못되게 굴다가 죽은 아들의 묘를 보았다고, 또 우상숭배를 하다가 폐허가 된 마을을 보았다고 반박한다. 랍비 엘리에젤과 랍비 시몬은 문둥병이 걸린 집을 보았다고 주장한다. 그리고 토론은 결론 없이 끝난다.

　이렇게 어떤 주제에 대한 논쟁이 결론 없이 마무리되는 경우도 적지 않으며, 마치 지금도 어디선가 랍비들이 모여 앉아 갑론을박하며 떠들고 있을 것만 같은 느낌을 준다. 다시 말해서 기록된 토라는 절대 변경하거나 바꿀 수 없지만, 그 법이 어떤 뜻인지 해석하는 일은 각자의 몫이라는 말을 간접적으로 전하고 있는 것이다. 토라 이외에는 누구도 절대적인 권위를 가질 수 없으며, 아무리 훌륭한 랍비의 의견이라고 해도 새로 문제를 제기하고 논쟁을 시작할 수 있는 여지를 남겨둔 것이다.

또 다른 예를 들자면, 하나님 앞에서 약속한 서원에 관해 민수기에 다음과 같은 구절이 있다. "사람이 여호와께 서원하였거나 결심하고 서약하였으면 깨뜨리지 말고 그가 입으로 말한 대로 다 이행할 것이니라(민수기 30:2)." 그런데 랍비들은 한 번 서원한 것을 취소할 방법이 정말 없는지 질문한다. 토라에는 서원을 파기하는 특별한 방법이 기록되어 있지 않고,『미쉬나』도 서원을 파기하는 방법은 '공기 중에 뜬' 말 즉 의미 없는 논쟁일 뿐이라고 말했다(미쉬나, 하기가 1, 8). 그렇지만 랍비들의 호기심을 막을 수는 없었고, 랍비 사무엘은 서원을 한 사람 본인은 자기 입에서 나온 말을 낱낱이 지켜야 한다고 율법에 적혀 있으나 다른 사람이 도와주면 가능하다고 주장한다(『바빌론 탈무드』, 하기가 10a). 즉 서원자가 임의로 서원을 파기할 수는 없지만 그가 종교 재판소 벳-핫딘에 나와서 사정을 설명하고 타당하다고 인정을 받으면 서원을 파기해도 좋다는 것이다. 이런 일을 가능하게 만들기 위해서 랍비들은 절대로 어겨서는 안 되는 율법의 기본 규정과 그렇지 않은 규정들을 구분한다. 복수를 금지한 법(레위기 19:18), 형제와 이웃을 미워하는 일을 금지한 법(레위기 19:17), 이웃을 사랑하라는 법(레위기 19:18), 그리고 이웃과 공존해야 한다는 법(레위기 25:36)은 율법의 기본 정신이며 절대 어기면 안 된다. 그러므로 재판소에서 이런 법들을 언급하며 서원자에게 묻는다. "이런 법들을 어기게 될 줄 알았다면 당신은 서원을 했겠는가?" 서원자는 물론 "아니오."라고 답한다. 그리고 나서 더 중요한 법들을 지키기 위해서 개인적인 서원을 파기할 것을 허락한다(참고, 『미쉬나 네다림』, 9, 4).

이 논쟁은 마치 기록된 율법이 하나의 집합이고 서원자가 약속한 바는 이와 같은 종류의 법 규정이 되어 그가 지켜야 할 의무의 범위를 확장하는 것처럼 묘사하고 있다. 그리고 나서 그 개인이 지켜야 할 규정 전체 중에서 필수적으로 지켜야 할 법과 그렇지 않은 법을 나누고, 전자를 위해 후자를 희생할 수도 있다는 논리를 펴고 있다. 역시 기록된 율법을 부인하지는 않지만 '서약'이 무엇인지 그 정의를 새롭게 규정함으로써 새로운 해석을 끌어내고 있는 것이다. 결과적으로 이런 해석은 필요에 따라 율법의 본문을 제한하고 변경하는 것을 용인하고 있는 것이다.

이렇게 토라에 대해 융통성 있는 태도를 취하게 된 이유는 여러 가지가 있겠지만, 기본적으로 종교의 대상이 집단이 아니라 개인으로 변했기 때문이라는 점을 지적할 수 있을 것이다. 예를 들어 남편이 자기 아내를 의심하여 다른 남자와 바람을 피웠다고 고소를 하려면, 그는 아내를 제사장에게 데려가서 보릿가루로 의심의 소제를 드려야 한다. 제사장은 토기에 성막 바닥에서 티끌을 긁어 넣은 거룩한 물 혹은 쓴 물을 담고, 여인은 만약 죄를 지었다면 넓적다리가 떨어져 나가고[11] 배가 부어서 백성 중에 저줏거리가 되겠다고 맹세한다. 제사장은 저주의 말을 쓴 두루마리를 준비한 쓴 물에 빨아 넣고 여인이 마시도록 하고, 과연 맹세한 대로 그 여인의 몸이 변하는지 살피고 판결을 내린다(민수기 5:11-28). 이 구절에 관해 설명하면서 랍비들은 "평화가 (이렇게) 중요하다. 성경에 쓰여진 거룩한 말들이 물에 지워져도 평화를 지킬 수 있다면, 남편과 아내 사이에 평화를 심을 수 있다면 (상관 없다)"고 말한다(시프레 바미드바르, 42).

일반적으로 글이란 문자로 기록하여 독자의 눈으로 읽게 만드는 소통 수단인데, 지금 이 설명은 물에 녹여서 복용을 해야 그 뜻이 나타나는 글을 논하고 있다. 이 글은 언어학적 의미를 잃고 화학적 작용제로 변하는데, 이 글이 화학작용을 일으켜서 결국 남편과 아내 사이에 다시 평화가 찾아오게 하는 것이 이 법의 목적이다. 다시 말해서 랍비들은 이 제의의 목적은 일면 아내의 부정한 행실을 심판하는 것처럼 보이지만 흙이나 재를 섞은 물을 조금 마신다고 해서 다리가 떨어져 나가거나 배가 갑자기 부어오를 리 없기 때문에 결국 '평화'가 정착된다고 설명한다. 오히려 아내를 제사장에게 데려오고 하나님 앞에서 맹세하게 만든 그 남편은 제의의 종교적 권위를 인정한 상태이기 때문에 자기 아내의 몸이 정상인 것을 보고 의심을 풀어야 한다는 것이다. 결국 이 법 규정은 현장을 잡은 것도 아닌데 괜히 트집을 잡아 아내를 의심하는 남편이 이 제의를 통해 그런 의심을 버리게 만드는 역할을 한다는 것이다.[12] 그렇다면 이 율법의 목적이 죄의 심판이 아니라 '평화'의 정착이라는 해석은 랍비유대교가 한 여성의 인생에 초점을 맞추기 시작했음을 상징적으로 보여준다. 물론 히브리 성서에서 객과 고아와 과부는 언제나 보호를 받아야 할 취약 계층임을 잘 보여주고 있지만, 넓은 범위에서 개략적인 묘사를 하고 있을 뿐이지 특별한 조항은 쉽게 눈에 띄지 않는다. 그에 비한다면 이렇게 개인의 사적인 부부생활을 대상으로 논의를 하는 것은 매우 예외적이라고 하지 않을 수 없다. 이런 차이는 윤리성의 정도 문제가 아니라 종교 체제의 관심이 집단이 아닌 개인으로 이전되었음을 가리킨다.

논의를 정리하면 랍비유대교는 성전과 제사장이 없이 회당과 랍비 중심 종교로 엄청난 변화를 겪으면서 유대인의 정체성을 굳게 지켜야 하고, 외국인들과 함께 어울리며 살아도 동화되어서는 안 된다는 점을 강조하고 있다. 그래서 그 중심을 토라에서 찾고 토라의 권위를 절대적으로 옹호하는데, 토라를 변형시키지 않아도 새로운 상황에 적용될 수 있도록 다양한 해석 방법을 통해 규칙들을 생성해 낸다. 이런 방식으로 유대인만의 생활 양식이 확립되고, 이를 통해 미래의 이스라엘이 구원을 받기를 대망한 것이다. 그러나 한편으로는 변하는 시대정신의 영향을 받아 민족 집단을 하나의 단위로 고려하는 사고가 아니라 개인 생활에 적용할 수 있는 실제적인 규칙이 될 수 있도록 노력했음을 알 수 있다.

5. 중세

유대인 공동체들은 이제 어느 곳에 살건 소수 인종 집단으로 생존해야 했는데, 특히 정치와 결합된 거대 종교들이 사회 운영의 기본 원리인 타 문화 사회 속에서 살아남아야 했다(기원후 600년-19세기). 여기서 타문화 사회는 물론 기독교 중심의 서양 세계와 이슬람교 중심의 아시아와 아프리카 대륙을 가리킨다. 기독교와 이슬람교 사회는 유대인들이 자기들 사회 안에 거주하는 것을 용인하였으나, 언제나 이등 시민으로 취급하였고, 때때로 정치적 경제적인 이유로 유대인들을 박해하기도 하였다. 유대인들은 문화적으로는 자기들이 거주하는 사회의 영향을 많이 받았지만, 기독교나 이슬람교 세계에 함몰되지 않고 독립된 주체로 공존하기 위해서 각별한 노력을 한다. 중세에는 유명한 랍비들이 등장하여 다양한 저작을 남기기도 하였다. 또한 다양한 신비적 사상이나 제의가 발달하기도 하는데, 유대교 신비주의 카

발라의 경전 조하르(Zohar)는 13세기 말에 스페인에서 기록되었다.

이 시대를 대표하는 유대인 랍비들 중에서 람밤(모세 벤 마이몬, 마이모니데스, 1135-1204)은 유대인 철학자이며 의사였다.[13] 스페인 코르도바에서 태어났지만 박해를 피해서 아프리카로 이주하여 카이로 유대 공동체의 수장이 되었다. 그는 의술과 철학 그리고 유대교 법 전통에 관련된 다수의 저서를 남겼다. 비슷한 경력을 가진 다른 랍비로 예후다 할레비(Yehuda Halevi, 1075-1141)도 스페인에서 태어난 유대인 의사이며 철학자였고 또 유명한 시인이었다. 특히 그가 남긴 시들은 현대 유대교 제의에 채용되기도 하였다. 람반(모세 벤 나흐만, Nahmanides, 1194-1270)도 철학자, 의사, 신비사상가, 성서 주석가로 존경받는 중세 랍비이다. 탈무드와 할라카 주석 그리고 토라 주석에 관련된 많은 저작을 남겼다. 이들은 타문화 사회에 살면서 새로운 생각과 삶의 방식을 수용하면서도 전통적인 유대교가 존재하는 의미를 찾을 수 있는 새로운 길을 탐구하였다.[14]

몇 가지 예를 들자면, 먼저 아브라함이 자기 아들 이삭을 제물로 바치려 했다는 이야기를 람밤이 어떻게 해석했는지 생각해 볼 수 있다 (창세기 22장). 자기 아들을 살해하여 희생제물로 바치라는 명령은 매우 비인간적임에도 불구하고 아브라함은 순종하기로 결정했고, 이에 감동한 하나님이 그 명령을 취소하고 그를 의롭다고 인정해 주셨다는 이야기이다. 그런데 히브리 성서를 자세히 살펴보면 아브라함에게 이삭을 번제로 바치라고 명령한 것은 엘로힘-하나님이었다(창 22:1-2).[15] 그런데 그가 아들을 제단 위에 올리고 칼을 들었을 때 그를 말리던 소리는 여호와 하나님의 사자로부터 나왔다(창 22:11). 그러니까 아브라함은 여호와의 사자를 의지하여 엘로힘의 명령을 거절했다는 것이다. 람밤은 엘로힘이라는 말이 가끔 절대적인 권위를 행사하던 재판관이나 왕들에게도 사용되었다고 설명했는데, 이는 아들을 제물로 바치는 일이 고대 서아시아에서 전혀 전례가 없는 일이 아니었기 때문에 아브라함이 엘로힘의 명령에 순종한 것은 이런 전통과 관습에 순종한 것으로 이해할 수 있다는 말이다. 그러나 아브라함이 최종적으로 의롭다고 간주된 것은 여호와 하나님의 명령을 따라 이런 전통과 관습에 불순종했기 때문이라는 말이다. 마치 현대 비평적 성서 연구를 읽는 것처럼 느껴지는 람밤의 설명은 그가 얼마나 열린 사고를 하던 사람이었는지 잘 보여준다.

또한 다양한 제사 관련 법전이 모여 있는 레위기에는 다음과 같은 법 규정이 있다. "만일 누구든지 여호와의 계명 중 하나를 부지중에 범하여도 허물이라. 그는 네가 지정한 가치대로 양 떼 중 흠 없는 숫양을 속건제물로 제사장에게로 가져갈 것이요, 제사장은 그가 부지중에 범죄한 허물을 위하여 속죄한즉 그가 사함을 받으리라. 이는 속건제니 그가 여호와 앞에 참으로 잘못을 저질렀음이니라(레위기 5:17-19)." 이 구절은 사람이 자기 행동을 반추해 보고 죄라고 깨달은 경우 이외에 모르고 행한 행동도 하나님 앞에 제물을 바치고 용서를 받아야 한다고 말한다. 이 문제에 대해 람밤은 자기 행동이 율법에 어긋나는지 의심이 생길 때 드리는 제사라고 설명하면서(『미쉬네 토라』, 할라콧 슈가곳, 8, 1), 모르고 먹었는데 먹을 수 없는 기름 부분일 때(4), 과부라고 해서 여자를 취했는데 유부녀일 때(5) 등이 이런 속건제를 드려야 할 상황이라고 세목을 설명하고 있다. 람밤의 말은 사실 『미쉬나』에서 시작된 논쟁을 이어받아 나름대로 결론을 내린 것이다. 벳 샤마이 측인 랍비 엘리에젤은 이 속건제가 완전히 자원해서 드리는 제사로 실제적인 죄의 용서보다 심리적인 효과가 있다고 설명했다. 랍비 엘리에젤은, 바바 벤 부티라는 사람이 있었는데 그는 대속죄일 다음 날만 빼고 매일 속건제를 드렸다고 말한다(『미쉬나』, 크리톳 6, 2). 이 말은 죄를 지었다고 의심할 수밖에 없는 상황이 존재한다는 설명, 즉 인간이 이성적으로 조절할 수 없는 현실 영역이 있고 이것도 종교적으로 해결되어야 된다는 주장이다. 람밤은 이런 의견에 반대하여 죄가 될지도 모른다는 실제적인 의심이 들 때만 속건제를 드리라고 법리적으로 설명한 것이다. 바바 벤 부티는 모든 유대인이 죄를 용서받는 대속죄일 다음 날을 제외하고는 매일 속건제를 바쳤는데, 이는 인간의 인식 능력과 현실 사이에 존재할 수 있는 회색지대까지 법적으로 해결하겠다는 입장이다. 그러나 벳 힐렐 측의 랍비들은 대속죄일 하루만으로도 충분히 용서를 받을 수 있다고 바바 벤 부티의 행동에 제동을 걸었고, 람밤은 이 전통을 계승한 것이다.

모르고 지은 죄라는 말은 결국 실수를 가리키고, 그런 죄를 범할 악의가 없었던 행위를 불러 이르는 말이다. 물론 실수 때문에 다른 사람에게 해를 입혔다면 그 손해의 크기에 따라 보상을 해야 되겠지만, 지금 문제가 되는 것은 그 실수의 제의적인 책임이다. 그래서 피해를 입은 측에게 보상하는 것은 물론 성전에서 속건제라는 제사도 드려야 한다는 것이다. 그래서 예민한 사람은 자기도 모르고 실수를 저질렀을까 봐 매일 속건제를 드리는 상황이 발생한다. 그러나 제의적 죄를 이런 식으로 이해하는 것은 꼭 유대교가 아니더라도 다신교 체제인 고대 서아시아 종교에서도 동일하게 나타난다. 개인의 행위가 특정 신에게 제의적인 범죄로 간주될 때 그 결과는 질병이나 재난으로 나타난다. 직업 종교인은 이렇게 질병이나 재난으로 고생하는 개인의 의뢰를 받아 어떤 신에게 어떤 제사를 드려야 화가 풀리고 용서를 받을 수 있을지 안내하는 사람이다. 이런 체제 속에서 아직 문제를 만나지 않은 사람이 미리 질병이나 재난을 예방하려면 혹시나 실수로 저질렀을지도 모를 제의적 죄를 용서받아야 하는 것이다. 그래서 고대 메소포타미아의 기도문이나 찬양시를 보면 모르고 지은 죄가 있더라도 용서해 달라는 말이 수없이 많이 등장한다. 그렇다면 람밤의 해석은 이런 현세적이고 개인적인 이해관계를 최선의 목적으로 삼는 종교 행위를 경계하며 특정한 경우에만 속건제를 드리면 된다고 제한

하면서 개인의 종교적 책임을 경감시켜 주고 있다고 말할 수 있다.

이미 나라를 잃은 지도 몇 백 년이 지났고 사용하는 언어도 외국어이며 사고방식도 타 문화 사회의 사상적 영향을 받았지만, 유대인 랍비들이 계속해서 토라에 나온 법 규정을 공부하고 토론하고 있다. 이것은 아마도 토라를 중심으로 정체성을 지키려는 노력이 몇 세기를 거치면서도 꺼지지 않은 것으로 이해해야 할 것이다. 그렇지만 이 시대 랍비들은 그 전 시대보다 훨씬 더 융통성 있는 열린 사고를 하고 있는 것을 볼 수 있다. 새롭게 경전을 창조할 수 없기 때문에 전통적으로 계승해 온 법전승을 새로운 관점에서 조명하고 항상 새로운 해석을 시도하고 있는 것이다. 특히 무의미한 제의적 행위를 지적하고 개인의 신앙에 직접 도움이 되는 방향으로 법 전통을 해석하려는 노력은 더욱 본격적으로 발전한 것으로 보인다.

6. 현대

19세기 이후에도 새 시대 상황에 적합한 법 전통을 이어 가려는 노력은 그치지 않았다. 유럽에 거주하던 유대인들은 19세기 전반기에 개혁파 유대교를 창시하였고, 전례와 교리를 중심으로 현대가 요구하는 유대교의 모습이 무엇인지 새롭게 고민하기 시작하였다. 이들의 영향을 받아 전통을 그대로 보존하려는 정통파 유대교도 개혁파의 주장을 부분적으로 수용하였으며, 특히 유대인 어린이들을 교육하기 위해서 현대 사회에 맞는 전통을 개척하기 시작하였다.

현대 유럽의 종교 세계는 인본주의를 기초로 한 '세속화' 경향에 큰 영향을 받고 있었으며, 정치적으로는 민족 국가의 형성으로 새로운 사회가 탄생하고 있었다. 이런 상황 속에서 유대인들의 세속적 지위와 신분에 관심을 가지고 다른 나라의 시민으로 살아갈 길을 탐구하던 유대교는 조금씩 세속화 원칙을 받아들이게 된다. 개인적인 차원에서 세속화를 수용하고, 그 대신 종교로서 유대교는 철저하게 남기는 방향으로 발전시키려고 하였다.

또 하나 유대교에 큰 영향을 미친 것은 물론 시온주의(Zionism)였다. 유럽의 경제적 근대화 과정에서 발생한 전반적인 변화를 유대인들에게 뒤집어씌우는 반유대주의(Anti-Semitism) 정서에 대항하여 발생한 시온주의는 결국 유대인 사회주의 조직들의 형성과 이스라엘의 건국으로 이어지게 되었다.[16] 중세에도 끊임없이 박해를 받았지만 세계 제2차 대전 중에 홀로코스트를 겪은 유대인들은 이제 조용히 이등 시민으로 살아가는 것도 불가능하다는 것을 깨닫고 정치적인 행동에 나서게 된 것이다. 뉴스너는 다음과 같이 말한다.

"유대인들은 포위되었고 선택의 여지가 없으며 동맹도 없고 무자비한 적이 득실대는 세계에 산다. 그러나 그들은 정치적 행위를 통해서 자신의 고유한 취향에 따라 이 세계를 변화시킬 수 있다."[17]

홀로코스트 경험에서 배태된 배타성, 편협함, 증오, 멸시의 감정은 결국 최종 해결책인 이스라엘의 존재와 깊게 관련된다. 몇 세기에 걸쳐서 지켜 오던 토라 중심의 유대 정체성은 더 이상 생존을 보증해 줄 수 없었고, 정치적 힘을 통해서만 상황을 뒤집고 자기들의 나라를 세울 수 있었다. 이것은 단순히 생활 환경의 변화뿐만아니라 몇 세기에 걸친 종교와 사상의 기본적 틀을 바꾸는 일이었으며, 이스라엘 건국 이후의 유대교는 그 이전과 같을 수 없었다. 결국 현대 종교로서 유대교는 사적인 영역에서 시행되는 제의에 집중하게 되고, 공적인 영역에서 시행되는 정치적 행위에 대한 영향력은 상실하게 된다. 이스라엘에 살건 외국에 살건 유대인 공동체의 중심에는 아직도 회당이 있고 안식일마다 모여서 예배를 드리지만, 랍비들의 영향력은 개인과 신이 어떤 관계를 맺어야 할지에 집중되어 있으며, 공동체 전체가 결부된 행사를 개최한다 하더라도 그 일은 개인적인 신앙이 확장된 결과로 이해된다. 유대인들이 소속된 사회를 운영하는 원리는 회당과 관련이 없으며, 랍비는 정치인이 아니다. 이런 태도는 세속화 과정을 통해 탄생한 개신교(프로테스탄트) 모델의 영향을 크게 받은 것으로, 국가 권력과 종교는 서로 구분되고 구별되어야 하는 존재로 인식되었다.

반면에 이스라엘에는 종교인들이 창당한 정당들이 여러 개가 있어서, 연정을 통해 세속 정치에 깊숙이 관여하고 있다. 이스라엘의 정치 체제는 의원내각제인데 어떤 정당도 선거에서 쉽게 과반수를 차지하지 못하기 때문에 소수 정당들과 연합 정부를 구성하는 것이 관례가 되어 왔다. 그러므로 종교 정당들은 수상을 배출하지는 못하더라도 언제나 정부의 일원으로 남을 수 있으며, 종교를 관장하는 부서는 물론 내무부, 교육부, 이민부 장관을 맡는다. 그래서 누가 이스라엘 국민이 될 수 있는지를 심사하고, 어린이들과 청소년들이 유대 전통에 따라 교육을 받고 자랄 수 있도록 정책을 수립한다. 물론 그 외에도 정통파 종교인들이 사회복지 혜택을 더 많이 받을 수 있도록 노력하고 있으며, 요단강 서안에 있는 점령 지역에 건축을 허가하고 정착민을 확보하기 위해서 노력한다. 그러나 그렇다고 해서 유대교가 이스라엘이라는 나라의 지배 원리가 되었다고 말할 수는 없으며, 오히려 정통파 종교인들이 이해집단을 만들어 자신들의 이해관계를 관철시키고 있다고 이해하는 것이 옳을 것이다. 이스라엘 국민들이 유대교를 전통으로 인정하고 있는 것은 분명하지만, 아랍 사회처럼 이스라엘이라는 국가가 유대교의 이상을 실현시키는 도구라고 여기지는 않기 때문이다. 그러므로 종교인들의 정당이 세속 정부에 참여하고 있기는 해도, 종교의 고유 영역이 개인의 신앙 또는 제의적 행위라는 점에서는 큰 차이가 없다고 말할 수 있다.

예를 들어 이스라엘의 정통파 종교인 정당들이 최근에 가장 중점을 두고 다루었던 문제는 종교인들의 군 징집 문제였다. 이스라엘 국민은 남녀를 불문하고 국방의 의무를 지는 것으로 유명하고, 남자는 3년 여자는 2년간 군 복무를 한다. 그러나 정통파 종교인들은 건국 초기부터 국방의 의무를 면제받았다. 이스라엘을 위해 매일 공부하고 기도하는 것이 그들의 할 일이라고 용인되었던 것이다. 그러나 종교인들의 인구가 날로 증가하였고 국방의 의무를 면제받을 뿐 아니라 세금도 내지 않고 오히려 국가의 생활 보조금을 받기 때문에 이스라엘 사회에 큰 부담을 초래하였다. 이 문제를 해결하기 위해서 1998년부터 탈 위원회(Tal Commission)가 운영되었으며, 이 위원회의 제안에 따라 2002년부터 종교인 젊은이들의 징집이 시작되었다.[18] 그런데 이 법은 종교인들이 22세가 되면 일년 동안 사회봉사를 하든지 아니면 16개월 동안 군 복무하는 것을 선택할 수 있도록 하였고, 이것은 18세가 되면 징집 대상이 되는 일반인과 많은 차이를 보였다. 이 법은 결국 2012년에 헌법에 합치하지 않는다는 결정이 나서 폐기되었다. 그후 2014년에 이스라엘 국회는 새로운 법안을 통과시켰는데 2017년부터 종교인들도 무조건 사회봉사나 군 복무를 해야 하며, 이를 거절할 경우 실형을 선고받게 된다고 한다.[19] 물론 이 법이 발표되자 삼십만 명에 달하는 종교인들이 예루살렘 거리에 쏟아져 나와 반대 시위를 벌였고, 앞으로 얼마나 철저하게 시행될지는 두고 보아야 할 일이다.

이런 현상들을 통해 드러나는 이스라엘의 현재 상황은 유대교의 종교적 전통과 큰 관련이 없다. 물론 정통파 유대인들이 정치 지도자에 대해 가지고 있는 이상적인 메시아의 상과 관련시킨다면, 종교인들이 이스라엘 정부를 인정하는지 여부로부터 시작해서 몇 가지 논점을 찾을 수 있겠지만, 그렇다고 해서 누구도 이스라엘이라는 나라가 자유 민주주의 국가가 아니라 유대교를 원리로 하는 종교적인 국가가 되어야 한다고 주장하지는 않기 때문이다. 종교인들의 정당은 자신들의 기득권을 잃지 않기 위해서 최대한 유리한 협상의 기초를 마련하려고 노력하고, 비종교인들도 전체 인구의 10%에 달하는 종교인 인구를 세금으로 먹여 살리는 상황을 면하기 위해서 노력할 뿐이다.

그러나 유대교의 종교적 법 전통이 이스라엘에서 권위를 잃은 것은 아니다. 세속 정치는 정치대로 돌아가지만 아직도 랍비유대교의 법 전통은 존경받아 마땅한 유산으로 인정받고 있다. 예를 들어 2013년 새로 국회의원이 된 룻 칼데론(Ruth Calderon) 박사가 크네셋(이스라엘 국회)에서 처음으로 연설을 했는데(예쉬 아티드 당 소속),[20] 『바빌론 탈무드』, 크투봇, 62b에 기록된 이야기를 인용하며 말했다. 토라와 탈무드를 공부하기 위해 집을 떠나 마호자에 머물던 랍비 라후미는 열심이 지나쳐 일년에 하루만 집으로 돌아가 아내를 만나곤 했다. 그런데 그날은 언제나 대속죄일이었다. 랍비 라후미의 유학 생활은 토라와 탈무드를 공부한다는 명분 때문에 아내의 모든 필요를 채워 주어야 한다는 율법을 어기게 만들었으니, 대속죄일은 부부 간에 정겨운 시간을 가질 수 없는 날이기 때문이었다. 어느 해 대속죄일에는 랍비 라후미가 너무 공부에 열중한 나머지 집에 돌아가는 것도 잊고 책에 파묻혀 있었다. 그의 아내는 이제나저제나 하며 남편을 기다리다가 결국 포기하고 눈물 한 방울을 떨구었고, 바로 그 순간 랍비 라후미의 발아래 큰 구멍이 생기고 그는 거기 떨어져 죽고 말았다. 칼데론 박사는 이 이야기를 해석하면서 서로 논쟁이 생겼을 때 양측 당사자가 모두 옳은 경우도 많다고 말했다. 마치 토라를 공부하는 랍비와 생활 전선에서 뛰는 그의 아내처럼 양측이 모두 옳고 정의로운 일을 위해 노력을 하는 중에도 서로 이견이 생기고 갈등이 빚어지기도 한다는 것이다. 이때 유의해야 할 점은 눈물을 흘리는 사람의 마음이며, 서로 옳다고 주장하다가 싸우기 전에 상처 받은 사람을 먼저 돌보는 마음을 가지고 국회의원 생활을 하겠다고 말을 맺었다.

정통파 종교인 국회위원들도 앉아 있는 자리에서 종교인이 아닌 국회의원 그것도 여자 의원이 『바빌론 탈무드』를 꺼내들고 읽었는데, 유대교 전통을 공부하는 데 열중하다가 아내를 돌보지 못하고 죽은 사람의 이야기를 골랐다는 점은 사실 매우 정치적인 의미가 있다. 위에서 언급한 바와 같이 이스라엘 사회에서 종교인들이 차지하는 위치와 그 기능에 관하여 뜨거운 논쟁이 벌어지는 상황에서 이런 이야기를 찾아 읽었다는 점은 더더욱 그러하다. 그럼에도 불구하고 칼데론 의원이나 크네셋에 모인 다른 의원들이 유대 전통의 권위를 인정하고 있다는 점에서는 크게 다른 점이 없었다. 그리고 그녀가 찾아 읽은 이야기가 유대 민족의 공동체적 운명에 대한 거대한 이상이 아니라 남편을 기다리며 눈물 한 방울을 흘린 여인이라는 점도 개인적인 신앙에 초점을 맞춘 현대 유대교의 경향을 상징적으로 드러내어 보여준다고 생각된다.

7. 결론

논의를 정리해 보면 유대교의 법 전통은 변화무쌍한 역사의 굽이를 돌며 이스라엘의 하나님과 유대인들이 어떤 방식으로 관계를 맺어야 할지를 고민한 결과라고 말할 수 있다. 왕정 시대에는 특별한 고민 없이 성전과 제사를 중심으로 한 제의적 종교 전통을 유지하였고, 나라를 운영하는 원리가 되는 법 전통과 사법 체제를 통해 통치하였다. 제2 성전 시대가 되면 나라를 잃은 충격에서 벗어나지 못하고 배타적인 종교와 법 전통을 운영하였으나, 너무 오랫동안 다른 나라의 지배를 받으면서 타 문화의 영향을 받기도 하였다. 랍비유대교가 발생한 시대에 오면 두 번째 성전도 무너지고 군사적인 패배를 경험한 후 회당과 랍비들을 중심으로 운영하는 새로운 종교를 창조해 내기 위해서 애를 쓰게 된다. 유대인의 정체성을 지키기 위해 끈질기게 노력하고 타 민족들을 향한 적대감을 노출하기도 했으나, 일부 랍비들은 외국인도 포용하려는 자세를 보여주기도 했다. 토라의 권위는 의심할 수 없다고 강조하였으나, 기록된 법 전통을 새롭게 해석하는 것은 가능하다고 생각하였다. 그리고 민족 공동체 전체를 대상으로 하던 전통에서 벗어나 개인의 삶에 관심을 가지기 시작하였다. 중세 랍비들은 기독교 사회와 이슬람 사회 안에 살면서 박해를 받기도 하였지만, 유대 공동체를 중심으로 전통을 계승하기 위해 애를 썼으며, 자신이 살고 있는 사회의 문화적 영향을 수용하면서 토라를 새롭게 해석하는 작업을 게을리하지 않았다. 이런 태도는 현대에 와서도 계속 이어지고 있다. 홀로코스트와 이스라엘 건국은 다시 한 번 유대교가 완전히 변화해야 할 이유를 제공하였으나, 이에 대한 유대교의 반응은 아직도 진행 중이라고 해야 할 것이다. 그러나 유대교가 역사를 통해 계승해 온 법 전통은 현대 이스라엘 국민들에게도 소중한 유산으로 인식되고 있으며, 각자의 이해관계에 따라 다른 해석을 내놓고 있긴 하지만 하나님 앞에서 참된 유대인이 되기 위한 고민은 오늘도 계속되고 있다.

정통파 종교인들은 지금도 나름대로의 생활 방식과 종교적 제의 그리고 토라 해석 방식을 유지하려고 하겠지만, 미래를 준비하기 위한 유대인들의 노력은 조금 다른 방향으로 나타나기도 한다. 필자가 보기에 의미 있는 노력들을 몇 가지 예로 들자면, 먼저 예루살렘에는

1989년부터 활동하는 '벳 미드라쉬 엘룰(Beit Midrash Elul)'이라는 기관이 있다.[21] 원래 벳 미드라쉬라는 말은 유대교 전통을 공부하는 학교를 가리키며, 엘룰도 유대교 전통을 공부하는 학교를 의미한다. 그러나 정통파 랍비들이 운영하는 예쉬바(Yeshiva)와 달리 엘룰은 일반 시민들이 운영하는 학교다. 그리고 정해진 학제나 학위를 위한 학교가 아니고 프로그램 위주로 원하는 분야를 배울 수 있는 학원에 가깝다. 프로그램도 텍스트를 읽으며 유대 전통을 배우는 수업 이외에 문학 창작, 민주주의와 종교, 유대식 부모 되기, 히브리어 강좌까지 개설된다. 어린이를 위한 유대 전설 이야기 시간과 청소년을 위한 록 음악 수업까지 있다. 한마디로 현대 사회에서 유대인들이 살며 만나게 되는 삶의 모든 영역과 유대 전통이 어떻게 연결될 수 있는지를 함께 고민하는 현장이며, 배움을 통해 관대하고 포용적인 사회를 창조하는 것이 목적이다. 또 다른 움직임으로 개혁파 유대교 교육 기관인 히브류 유니온 컬리지(Hebrew Union College-Jewish Institute of Religion)에서 끊임없이 개최하는 일련의 학회들을 주목해야 할 것이다.[22] 개혁파 유대교 자체가 원래 현대 사회에 맞는 유대교 전통을 탐구하며 출발하였기 때문이기도 하지만, 이 학교는 총장 연설이나 부정기적으로 열리는 강연회 그리고 일반 대중을 대상으로 여는 갖가지 모임에서 유대교의 미래를 주제로 내걸고 대화를 나눈다. 이런 움직임들이 앞으로 어떤 변화를 낳게 될지 누구도 예언할 수 없겠지만, 이런 다양한 노력과 준비가 계속된다면 삼천 년을 버티며 계승되어 온 유대교는 결코 쉽게 사라지지 않을 것임은 분명하다. 이런 노력 속에서 새로 탄생하는 법 전통은 험난한 역사를 살아 내려오면서도 꺼지지 않은 종교적인 핵심과 새롭게 펼쳐질 미래 사회를 연결시켜 줄 것이기 때문이다.

범죄 처벌로 인한
죽음과 절도죄

- 고대 근동 법과 코란

김 종 도 _ 명지대 중동문제연구소

1. 들어가는 말

인간은 지구 상에 살면서부터 집단과 사회를 이루면서 서로 간에
피해를 막고 사회 질서를 지키기 위하여 규칙을 세웠고, 이를 좀 더
강화하여 법이라는 제도를 만들었다. 그러기에 필자는 "인간이 존재
하므로 법이 존재하고, 법이 존재하므로 인간이 존재 한다."라는 명제
를 기본 전제로 하여 이야기를 풀어 나갈까 한다.

고대 근동 사회는 어느 문명권보다도 일찍이 집단과 사회 조직을
수호하기 위하여 법을 제정하고 이를 통해 사회 구성원이 질서를 지
키도록 하였다. 7세기에 아라비아 반도에서 발흥한 이슬람은 이러한
고대 근동의 종교나 사회의 영향을 받았다. 그러기에 코란에는 고대
근동 사회와 연관된 이야기들이 언급되고 있다. 이 글에서 필자는 이
슬람에 유입된 고대 근동 사회의 법을 살펴보고자 한다. 물론 무슬림
학자들은 이슬람교가 7세기에 출현한 종교가 아니라 천지창조 이전
부터 천상에 있었던 종교라고 주장한다. 그러나 역사적인 시각에서
보면 이슬람은 유대교나 불교, 기독교보다도 후대에 나온 종교임은
부인할 수 없는 사실이다.

이슬람에서는 이슬람법을 샤리아(Shariah)라고 부른다. 이슬람법은

네 가지 법원(法源)으로 구성되어 있는데, 이는 이슬람교의 경전인 코란(Quran), 예언자 무함마드의 언행을 담은 하디스(Hadith), 이슬람 법학자들에 의한 유추(類推)인 끼야스(Qiyas), 무슬림 공동체의 합의(合意)인 이즈마으(Ijma')다. 샤리아는 아랍어로 '물의 원천지' 또는 '올바른 길'이라는 의미를 담고 있다. 오늘날에도 사우디아라비아나 이란, 나이지리아의 보코 하람(Boko Haram)처럼 일부 이슬람 국가나 부족은 샤리아에 의거하여 국가나 조직을 운영하고 있다. 그리고 최근 사람의 참수를 자행하고 있는 IS도 자신들의 행동을 샤리아의 이름으로 합리화하고 있다. 그러나 14세기 전에 행해졌던 율법을 오늘날 그대로 적용하는 것은 시대적 상황을 고려하지 못한 비이성적인 판단이요, 패륜적인 행위라고 볼 수밖에 없다. 그러므로 대부분의 이슬람 국가는 IS의 만행을 비(非)이슬람적인 행위로 규정하고 규탄한다.

고대 근동 사회의 법을 이해하기 위해서는 유대교의 법전에 해당하는 모세오경을 이해하여야 하는데, 이는 또한 이슬람을 이해하기 위한 전제 조건이기도 하다. 본고에서는 히브리 법전, 고대 근동의 법, 코란을 간략히 살펴본 다음, 고대 근동의 법과 코란에 나타난 죽음과 절도 부분만을 발췌하여 논의하고자 한다. 여기서 죽음이라 함은 인간의 생명이 없어지는 경우를 망라하는 것인데, 본고에서는 살인, 사형만을 다룰 것이다.

2. 경전과 법전

1) 히브리 법전과 코란

모세오경은 토라(Torah)라고 하는데, 이 외에도 여러 이름으로 부른다. 구약성서에서는 율법, 율법 책, 모세 율법의 책, 모세의 책, 주의 법, 하나님의 법, 하나님의 율법 책, 주의 율법 책, 하나님의 종 모세의 책 등으로 서술한다. 신약성서에서도 율법 책, 모세의 책, 율법, 모세의 율법, 주의 율법 등으로 표현한다. 유대인들의 히브리법은 우리가 흔히 알고 있는 구약성서의 토라, 즉 모세오경이다. 토라는 이 세상이 창조되기 이전에 976세대를 거치면서 완성되었다고 한다. 결국 모세오경은 법에 해당하는 경전으로 볼 수 있다. 유대인들은 모세가 이집트 압제하에서 노예로 살고 있던 이스라엘 백성을 가나안으로 인도하여 가던 중 하나님이 그에게 시나이 산에서 준 십계명을 중요한 신앙의 표본으로 삼고 있다. 반면에 이슬람에서는 법을 나타내는 단어가 여러 가지 있다. 까눈(Qanun), 아들(Adl), 니잠(Nizam), 나무스(Namus), 샤리아 등이다.

모세가 하나님으로부터 받았다는 십계명에 대하여 학자들 간에는 그가 십계명을 한 번에 받았는지 또는 여러 해에 걸쳐서 나누어 받았는지에 대해 이견이 있다. 구약성서 탈출기(出埃及記, 이집트 탈출기)(20:

3-17)에 나와 있는 십계명의 내용을 보면 다음과 같다.[1]

3절: 너는 나 외에는 다른 신들을 네게 두지 말라.

4절: 너를 위하여 새긴 우상을 만들지 말고 또 위로 하늘에 있는 것이
나 아래로 땅에 있는 것이나 땅 아래 물속에 있는 것의 어떤 형상
도 만들지 말며

5절: 그것들에게 절하지 말며 그것들을 섬기지 말라 나 네 하나님 여
호와는 질투하는 하나님인즉 나를 미워하는 자의 죄를 갚되 아버
지로부터 아들에게로 삼사 대까지 이르게 하거니와

6절: 나를 사랑하고 내 계명을 지키는 자에게는 천 대까지 은혜를 베
푸느니라

7절: 너는 네 하나님 여호와의 이름을 망령되게 부르지 말라 여호와
는 그의 이름을 망령되게 부르는 자를 죄 없다 하지 아니하리라

8절: 안식일을 기억하여 거룩하게 지키라

9절: 엿새 동안은 힘써 네 모든 일을 행할 것이나

10절: 일곱째 날은 네 하나님 여호와의 안식일인즉 너나 네 아들이나
네 딸이나 네 남종이나 네 여종이나 네 가축이나 네 문안에 머무
는 객이라도 아무 일도 하지 말라

11절: 이는 엿새 동안에 나 여호와가 하늘과 땅과 바다와 그 가운데
모든 것을 만들고 일곱째 날에 쉬었음이라 그러므로 나 여호와가

안식일을 복되게 하여 그 날을 거룩하게 하였느니라

12절: 네 부모를 공경하라 그리하면 네 하나님 여호와가 네게 준 땅에
서 네 생명이 길리라

13절: 살인하지 말라

14절: 간음하지 말라

15절: 도둑질하지 말라

16절: 네 이웃에 대하여 거짓 증거하지 말라

17절: 네 이웃의 집을 탐내지 말라 네 이웃의 아내나 그의 남종이나
그의 여종이나 그의 소나 그의 나귀나 무릇 네 이웃의 소유를 탐
내지 말라

모세오경은 창세기(創世記)라 부르는 베레쉬트(Bereshit), 탈출기라고
부르는 쉐모트(Shemot), 레위기(Levi記)라 부르는 바이크라(Vayikra), 민수
기(民數記)라 부르는 바미드바르(Bamidbar), 신명기(申命記)라고 부르는 데
바림(Devarim)으로 구성되어 있다. 창세기는 하나님이 천지를 창조한
이야기, 인류의 시조인 아담과 이브를 창조한 이야기와 이들의 자손
에 대한 이야기가 주류를 이룬다. 탈출기에는 모세가 이집트에서 노
예 생활을 하던 이스라엘 백성을 이끌고 '젖과 꿀이 흐르는' 약속의 땅
으로 가던 도중 하나님으로부터 십계명을 받은 이야기가 나온다. 십
계명은 하나님이 인간에게 내린 법이다. 레위기는 죄악으로 가득 찬

세상에서 인간이 하나님으로부터 용서를 받고 정결하게 되는 법을 보여주고, 신명기는 모세가 이스라엘 백성과 함께 이집트에서 탈출한 후 38년간 광야에서 헤매다가 동편의 모압(Moab) 평원에 당도하기까지의 역정을 그리고 있다. 그러나 코란은 이슬람의 예언자 무함마드가 40세 때 오늘날 사우디아라비아 왕국 소재 메카의 히라(Hira) 동굴에서 명상에 잠겨 기도하던 중 가브리엘 천사가 나타나 계시를 주기 시작하여 메카에서 13년간, 박해와 핍박을 피하여 간 메디나에서 10년간 모두 23년 동안 간헐적으로 받은 계시를 무함마드 사후 제3대 칼리파인 우스만(Uthman)때 오늘날 우리가 볼 수 있는 형태의 코란으로 편찬한 것이다. 메카 계시와 메디나 계시는 내용이 다르다. 메카 계시가 주로 유일신과 신앙 위주라면, 메디나 계시는 이슬람 공동체인 움마(Ummah)와 무슬림 생활 관련 계시를 주로 포함하고 있다. 약 6,000여 절에 달하는 코란 계시 중 법 관련 구절은 약 500여 절 정도다. 물론 십계명 관련 내용도 코란에 나온다. 내용을 중심으로 코란에서 십계명과 유사한 내용을 찾아보면 다음과 같다.

첫째, "하나님 외에 다른 신을 두지 말라"는 십계명의 내용과 유사한 코란 계시는 "알라 외에는 신이 없음을 알라"는 47장 19절이다. 십계명과 코란이 모두 유일신 신앙을 강조하고 있음을 알 수 있다. 이런 결과가 나오는 것은 이슬람에서 구약을 인정하고 있기 때문이라고 본다. 코란에는 이 외에도 유일신을 강조하는 구절로 3장 67절, 4

장 116절, 112장 1-4절, 6장 74절, 6장 88절, 6장 106절, 28장 70절, 42장 11절, 6장 103절 그리고 14장 35절이 있다.

둘째, "네 이웃에 대하여 거짓 증거하지 말라"는 십계명과 관련된 코란 계시는 2장 42절의 "진리를 왜곡하거나 감추지 말라"다. 이 외에도 여러 곳에서 관련 계시가 나온다.[2]

셋째, "너는 네 하나님 여호와의 이름을 망령되게 부르지 말라"는 십계명 내용이 코란 7장 180절 "알라의 이름을 더럽히지 말라"는 계시와 유사하다. 또 코란 6장 108절, 4장 140절, 6장 68절, 2장 224절, 20장 8절, 59장 24절 등에도 "알라를 불신하거나 알라의 이름으로 변명하지 말라"고 경고하고 있다.

넷째, 십계명에서는 "안식일을 기억하여 거룩하게 지키라"고 한다. 코란은 2장 65절에서 "안식일을 위반한 자는 원숭이가 되어 저주를 받는다"고 한다. 4장 154절에는 모세가 시나이 산에서 계시 받은 십계명의 안식일을 위반하지 말라는 내용이 들어 있다. 이 외에도 4장 47절, 7장 163절, 16장 124절, 62장 9절 등에 안식일에 해당하는 금요일 예배의 중요성을 언급하고 있다.

다섯째, "네 부모를 공경하라"는 십계명의 내용이 코란 17장 23-24절에는 "부모에게 효도하라"는 내용과 "부모에게 공손하고 겸손하라"고 되어 있다. 코란 29장 8절, 31장 14절, 46장 15절, 2장 83절에도 부모에 대한 공경을 강조하고 있다.

여섯째, 십계명에는 살인 금지 조항이 있는데, 코란 제5장 32절은 아무런 해악을 저지르지 않는 자를 살해하지 말도록 가르치고 있으며, 17장 33절에서는 명분이 없이 살인해서는 안 된다고 가르치고 있다.

일곱째, 십계명에는 "간음하지 말라"고 되어 있는데, 코란은 17장 32절에서 "간통을 하지 말라"고 명령하고 있으며, 이는 부끄럽고 죄악으로 가는 길이라고 명시하고 있다. 코란 24장 2절에는 간통한 남녀에게는 백 대의 태형을 가하도록 되어 있고, 25장 68절은 천국을 간음하지 않는 백성들이 사는 곳으로 묘사하고 있다. 이 외에 간음을 금하는 계시가 17장 32절, 24장 3절, 25장 68-70절에도 있다.

여덟째, 도둑질을 금하는 구절이 십계명에 나와 있는데, 코란에도 5장 38-39절에 "물건을 훔친 손을 자르라"고 되어 있고, 60장 12절에는 믿는 여성은 훔치지 아니한다고 되어 있다. 무슬림들에게 도둑질은 대죄에 해당한다고 볼 수 있는 대목이다.

아홉째, "너를 위하여 새긴 우상을 만들지 말라"고 십계명은 가르치고 있다. 코란 14장 35절에 이브라힘이 우상을 섬기지 않도록 기도하고 있고, 42장 11절에는 알라에 비교할 것이 아무것도 없다고 하였는데 이는 그 어느 것도 전지전능한 유일신에 빗대어 비교하거나 형상을 만들어서는 안 된다는 의미를 내포하고 있다.

열째, 이웃의 집, 이웃의 아내를 탐내지 말라고 십계명은 가르치고 있다. 코란 4장 36절은 친척, 이웃과 주변 동료들에게 자선을 베풀라고 가르치고 있다. 이는 이웃에 대하여 탐심을 갖지 말라는 의미다.

2) 고대 근동의 법전

그간 발견된 고대 근동의 법전은 일곱 개나 된다. 기원전 3000년 경에 수메르(Sumer) 지역에서 문명이 발흥하면서 법이 필요해지기 시작하였다. 고대 근동의 법전은 편찬의 정신을 정의에 입각하여 백성을 평안하게 하기 위함이라고 서문 등에서 밝히고 있다. 시기적으로 가장 오래된 법전은 우르남무(Urnammu) 법전과 리피트-이쉬타르(Lipit-Ishtar) 법전인데, 모두 수메르어(語)로 기록되어 있다. 이어서 아카드(Akkad) 어로 된 법전들이 편찬되었는데, 에쉬눈나(Eshnunna) 법전·함무라비(Hammurabi) 법전·중기 앗시리아(Assyria) 법전·신바빌로니아(Babylonia) 법전 등이 있다. 마지막으로 히타이트(Hittite) 어로 된 히타이트어 법전이 있다.

우르남무 법전은 함무라비 법전보다 300년 앞선다. 우르(Ur)의 우르남무 왕은 구티(Guti) 족을 물리치고 도시국가를 통합하여 우르 제3왕조를 세우고 문화를 발전시켰다. 그는 법전을 만들어 경제와 사회질서를 확립하고 백성을 보호하려고 하였다.[3] 이 법전은 모두 32조로 구성되어 있다. 서언은 남아 있지만 법전의 뒷부분과 결론은 훼손되

어 알 길이 없다. 법전의 내용을 보면 다음과 같다.[4]

서언

제1-3조: 사형이나 배상에 관한 조항

제4-5조: 종과 혼인한 뒤에 발생한 문제에 관한 조항

제6-8조: 간음에 관한 조항

제9-10조: 이혼에 관한 조항

제11-12조: 혼인계약서에 관한 조항

제13-14조: 매우 특별한 경우인 신명재판에 관한 조항

제15조: 아버지가 약혼한 딸을 다른 사람에게 시집보낼 경우 그에 따

　　　　른 손해배상에 관한 조항

제16조: 훼손됨

제17조: 도망간 종에 관한 조항

제18-22조: 신체 상해에 따른 배상에 관한 조항

제23-24조: 훼손됨

제25-26조: 여주인 행세를 하는 여종에 관한 조항

제27조: 훼손됨

제28-29조: 증인에 관한 조항

제30-32조: 배상에 관한 조항

에쉬눈나 법전은 아카드어로 서술된 법전으로 기원전 1800경에 다두샤(Dadusha) 왕이 만들었다고 한다. 이라크 텔 아부 하르말(Tell Abu Harmal)에서 1945-1947년간에 발굴되었다. 에쉬눈나라는 이름은 당시의 도시국가 이름에서 온 것이다. 아카드어로 기록된 가장 오래된 법전으로 서언과 결언은 거의 훼손되었다. 단지 법조문 60개 조항만 전해 내려오고 있다. 이 법전의 구성 내용을 보면 다음과 같다(이종근, 2003, 71).

제1-2조: 생필품 가격 규정

제3-5조: 임대 규정

제7-8조: 임금 규정

제12-21조: 절도 규정

제22-24조: 소송 규정

제25-30, 59조: 결혼 규정

제32-35조: 어린이 규정

제37-41조: 동업, 부동산 매매, 노예 매매 및 맥주 판매 규정

제42-47조: 상해 규정

제48-49조: 상소 관련 규정

제51-52조: 노예 규정

제53-56조: 동물이 끼친 피해 규정

제58, 60조: 벽의 붕괴와 피해 규정

함무라비 대왕은 고대 바빌로니아의 제6대 왕으로 자신의 재위 말년에 제국 안팎을 견고하게 다지기 위하여 함무라비 법전을 편찬하였다. 이 법전은 서언, 법조문 282조항, 결언으로 구성되어 있다. 이 법전은 섬록암(閃綠巖)에 적혀 있는데 길이가 2.5미터나 된다. 법전의 구성을 보면 다음과 같다.

제1-5조: 공정 재판에 관한 조항

제6-25조: 절도에 관한 조항

제26-41조: 의무 규정에 관한 조항

제42-58조: 밭 임대에 관한 조항

제59-66조: 과수 임대에 관한 조항

제67-69조: 주택 임대에 관한 조항

제70-107조: 돈을 빌리고 갚는 것에 관한 조항

제108-111조: 주류 소매업자에 관한 조항

제112-126조: 금전과 물품의 대부에 관한 조항

제127-149조: 혼인에 관한 조항

제150-152조: 여자가 받는 상속에 관한 조항

제153-158조: 간음에 관한 조항

제159-161조: 약혼에 관한 조항

제162-195조: 상속에 관한 조항

제196-214조: 신체 상해에 관한 조항

제215-227조: 의사, 수의사, 이발사에 관한 조항

제228-233조: 집 건축에 관한 조항

제234-240조: 배 건축에 관한 조항

제241-277조: 가격과 임금에 관한 조항

제278-282조: 종에 관한 조항

중기 앗시리아 법전은 앗시리아의 티글라트-필레세 1세(Tiglath-Pilese 1, 기원전 1114-1076년)때 만들어진 것으로 보이고, 모두 59조로 되어 있다. 구성 내용은 다음과 같다.

제1-9조: 절도와 배상에 관한 조항

제10-11조: 훼손됨

제12-18조: 혼외 관계에 관한 조항

제19-20조: 동성애에 관한 조항

제21-24조: 배상에 관한 조항

제25-29조: 유산과 상속에 관한 조항

제30-32조: 혼인 선물에 관한 조항

제33조: 수혼법에 관한 조항

제34-35조: 과부와 혼인하는 것에 관한 조항

제36-38조: 부인에 관한 조항

제39-40조: 채무 대신 딸을 주는 것에 관한 조항

제41-43조: 유산에 관한 조항

제44조: 종을 샀을 경우에 관한 조항

제45-46조: 적에게 잡힌 부인과 남편을 잃은 부인에 관한 조항

제47조: 마술 하다 잡힌 사람에 관한 조항

제48-49조: 채무 대신 딸의 보관에 관한 조항

제50-53조: 유산과 보상에 관한 조항

제54조: 훼손됨

제55-56조: 순결을 잃은 딸에 관한 조항

제59조: 부인에 관한 조항

히타이트 법전은 가장 늦게 만들어진 것으로, 살인, 혼인, 절도 등 200여 항목을 다루고 있다.

제1-18조: 상해에 따른 배상 조항

제19-25조: 유괴와 피신한 종에 대한 조항

제26-31조: 훼손됨

제32-33조: 종의 아들에 관한 조항

제27-30: 혼인한 여자의 혼인선물에 대한 조항

제31-36조: 종과 시민 사이의 혼인과 그 자식에 대한 조항

제37-49조: 손해배상

제50-56조: 부역 봉사와 자유민에 대한 조항

제57-113조: 절도와 손해배상

제114-118조: 훼손됨

제119-144조: 절도 처벌

제145-152조: 빌린 것에 대한 적정한 값 지불

제153-156조: 훼손됨

제157-177조: 품삯과 배상

제178-186조: 가격

제187-200조: 부적절한 관계

3. 코란과 고대 근동 법: 사형과 절도를 중심으로

이제 고대 근동 법전에는 죽음과 관련된 조항들이 어떤 것들이 있으며, 코란에는 어떻게 영향을 미쳤는지 살펴보기로 하자. 고대 근동 사회에서는 구체적인 상황에서 사형이라는 처벌을 내린 반면 코란은 구체성을 띠기보다는 일반적인 범주를 설정해 놓고 사형이라는 처벌

을 내렸다. 그리고 처벌은 두 번 다시 그러한 일이 발생하지 않을 만큼 효력이 있어야 하며 처벌이 불만스럽더라도 반드시 필요하며 처벌은 사회 안전 보장의 수단이 되어야 한다는 것을 전제로 하고 있다. 이슬람에서 말하고 있는 주요 범죄에 대한 특별한 형벌 규정이 적용되는 범죄는 살인, 노상강도, 도둑질, 간통에 대한 거짓 고소 등이다. 이러한 범죄들은 개개인과 사회에 영향을 미치며 혼란과 불안정을 조장하기 때문이다.

코란과 비교를 위하여 고대 근동 법의 경우 사형의 틀 안에 드는 형벌을 찾아내고, 절도에 대하여서는 어떤 처벌이 따랐는지를 살펴보겠다.[5]

1) 사형

먼저 우르남무 법전에는 다음과 같은 조항이 있다. 제1조에는 살인자의 경우, 살인한 이는 사형에 처하고, 제2조에는 도둑질을 한 사람은 사형에 처하도록 되어 있다. 제6조에는 여자가 결혼을 하였지만 신랑이 젊은이인 경우 어떤 자가 그녀를 강간하여 처녀성을 잃었다면 강간한 자는 죽음을 맛보도록 되어 있다. 제7조에는 젊은이의 아내가 다른 남자를 유혹해서 동침하여 아이를 임신을 하게 되면 이 여자는 사형에 처하고 남자는 풀어 준다.

리피트-이쉬타르 법전에는 사형과 관련된 조문이 하나 있다. 셋째 단: 어떤 사람이 다른 사람의 딸을 때려 그녀가 유산(流産)을 하면 그는 은(銀) 1/2미나를 지불하고, 만약 유산으로 인하여 그녀가 죽으면 그도 죽어야 한다.

에쉬눈나 법전 제24조에는 어떤 사람이 어떤 요구도 하지 않았는데, 궁(宮)에 속한 사람의 아내나 아들을 저당 잡는 경우에 자기 집으로 데려가 아들이 죽으면 저당 잡은 이는 교수형에 처한다고 쓰여 있다. 제26조에서는 어떤 사람이 다른 사람의 딸을 위해 신부 몸값을 주었으나 다른 사람이 그 딸의 부모에게 묻지 않고 그 딸을 납치해 도망치면 그는 교수형에 처한다고 한다. 제28조에는 어떤 남자가 여자의 부모와 혼인 계약서를 작성하고 결혼 피로연을 하였는데, 다른 사람이 그 여자를 납치해서 강간하면 여자를 훔친 자는 반드시 죽여야 한다고 기록되어 있다. 제58조에는 벽이 낡아서 수리해야 하기에 공식적으로 집주인에게 알렸음에도 불구하고 세든 사람이 죽으면 왕의 규정에 따라 집주인을 교수형에 처하도록 되어 있다. 제60조에는 문지기가 망을 보고 있는데 도둑이 들면, 사람들은 도둑 든 집의 문지기를 죽인다고 적혀 있다.

함무라비 법전을 보면 죽음과 관련된 조항은 다음과 같다. 제1조에는 어떤 사람이 증거도 없이 타인에게 살인죄를 뒤집어씌우면 뒤집어씌운 자는 사형을 당한다. 제2조는 어떤 사람이 다른 사람을 마술을 했다고 증거도 없이 고소하면 고소 당한 사람은 강(江)의 신(神)에게 보내진다. 만약 그가 살아서 돌아오면 고소한 사람은 죽어야 한다고 한다. 제3조는 어떤 사람이 법정에서 거짓 증언을 하고 그 사건의 판결이 사람의 목숨과 관련되어 있으면 거짓 증언자는 사형에 처하도록 되어 있다. 제6조에는 어떤 사람이 신전이나 궁전의 재산을 훔치면 사형을 당하고, 장물 소유자도 사형에 처하도록 되어 있다. 제7조에는 어떤 사람이 다른 사람의 은, 금, 종, 소나 양 또는 염소를 증인이나 계약서 없이 사거나 가져간 경우 이 사람은 도둑으로 간주되어 사형에 처하도록 되어 있다. 제8조에는 어떤 사람이 신전이나 궁전 관리의 황소를 한 마리 훔친 경우 훔친 가축 값의 30배의 벌금을 물어야 하며 만약 물지 못하면 사형을 당하게 되어 있다. 어떤 사람이 다른 사람의 황소를 훔치면 열 배를 물어야 한다. 벌금을 물지 못하는 경우에는 사형에 처하도록 되어 있다. 제9조에는 어떤 사람이 잃어버린 물건을 다른 사람이 상인에게서 산 경우, 잃어버린 사람과 물건을 산 사람이 증인을 데려오면 물건을 판 자는 도둑이 되고 사형을 당하게 되어 있다. 제10조에는 물건을 산 사람이 자신에게 판 사람과 자신이 샀다는 것을 입증할 증인을 데려오지 못하고, 물건을 잃어버린 사람이 그것이 자신의 물건임을 입증할 증인을 데려오면, 물건을 산 사람을 도둑으로 간주하여 사형에 처하도록 되어 있다. 제11조에는 물건을 잃어버린 사람이 물건이 자기 것임을 입증할 증인을 데려오지 못하면 거짓말한 것으로 간주되어 사형에 처하게 되어 있다. 제14조에는 어떤 사람이 다른 사람의 자식을 유괴하면 사형에 처한다. 제15조에는 어떤 사람이 궁전의 종이나 궁전에 속한 무쉬케눔(Muschkenum)의 종을 궁전 밖으로 나가게 할 경우 반드시 사형에 처하도록 되어 있다. 제16조에는 궁전에 속한 사람에게서 도망친 종을 자기 집에 숨겨주거나 밖으로 내보내라고 했음에도 불구하고 거절하면 집주인은 사형에 처하도록 되어 있다. 제19조에는 어떤 사람이 도망친 노예를 데리고 있다가 자신의 집에서 잡힌 경우 사형에 처하도록 되어 있다. 제21조에는 강도질을 한 경우 사형에 처하도록 명시되어 있으며 처형된 시신은 도둑질한 집 밖에 매달도록 되어 있다. 제22조는 도둑질하다가 잡힌 자도 사형을 당하도록 명시하고 있다. 제24조에는 만일 살인강도일 경우 그 성읍(城邑)과 시장은 은 1미나를 유가족에게 지불하도록 되어 있다. 제33조에는 상급 장교나 하급 장교가 일반 백성을 부역으로 모집하거나 전투에서 자기 대신 용병으로 전투에 참여케 하면 이들은 사형에 처하도록 되어 있다. 제34조에는 상급 장교나 하급 장교가 병사들의 소지품을 뺏거나 또는 다치게 하거나 월급을 주지 않거나, 재판 과정에서 압력을 행사하거나, 왕이 준 선물을 가로채면 사형에 처하도록 되어 있다. 제108조에는 술을 파는 여자가 맥주 값 대신에 곡식을 받지 않거나 맥주 거래 시보다 낮게 곡식 값을 책정하면 사람들이 이 여자를 잡아다가 물속에 처넣게 되어 있다. 제109조에는 술 파는 여자가 사기꾼을 발견하고서 잡아 두지 않고 왕궁으로 가도록 내버려 두면 이 여자는 사형에 처하도록 되어 있다. 제110조에는 가구(Gagû) 수도원에 살지 않는 나디투(여사제나 엔투) 여사제가 술집을 열거나 맥주를 마시러 술집에 들어가면 이 여사제는 불태워 죽이도록 되어 있다. 제129조는 결혼한 여자가 다른 남자와 성관계를 맺다가 발각되면 그 둘을 묶어서 강에 던지도록 되어 있다. 제130조에는 어떤 사람이 약혼을 하고 아직 부모가 살아있는 처녀를 강간하다 잡히면 남자는 사형에 처하고 여자는 무죄다. 제133조에는 부인이 부주의로 다른 남자 집에 들어가면 사람들이 이 여자를 강에 던지도록 되어 있다. 제143조에는 여자가 살림을 소홀히 하고 결점이 있으며 남편을 홀대했을 경우 사람들은 이 여자를 물에 던지도록 되어 있다. 제153조에는 남자의 부인이 다른 남자가 생겨서 자기 남편을 살해하고 부추기면 그 여자는 말뚝형에 처해야 한다고 되어 있다. 제155조에는 어떤 사람이 며느릿감을 고르고 아들이 그 여자와 동침하였는데 그가 며느리 무릎에 있는 것을 발견하면 사람들이 둘 다 강에 던지도록 하고 있다. 제157조에는 어떤 사람이 아버지가 죽고 어머니와 성관계를 맺으면 둘 다 불에 태워 죽이도록 하고 있다. 제196조에는 어떤 사람이 다른 이의 눈을 다치게 하면 자신의 눈도 상하게 하도록 하고 있다. 제197조에는 어떤 사람이 다른 사람의 뼈를 부러뜨리면 그도 자기의 뼈를 부러뜨린다고 되어 있다.

중기 앗시리아 법전 제3조를 보면 어떤 자가 병이 들거나 죽어서 그의 아내가 집의 물건을 훔쳐 다른 사람이나 다른 부인에 주면 그 아내와 훔친 물건을 받은 자는 죽이도록 되어 있다. 제12조는 어떤 자가 길에서 다른 부인에게 "당신과 살고 싶다"고 말하였으나 그 부인이 승낙하지 않은 상태에서 그 부인과 산 경우에, 그리고 성관계 사실이 다른 자들에 의하여 입증되면 그 자는 죽이도록 되어 있고 그 부인은 죄가 없다고 한다. 제13조는 어떤 부인이 집에서 나와 어떤 자의 집에 살고, 그가 그 부인이 다른 자의 부인인 줄 알고 그랬다면 둘 다 죽이도록 되어 있다. 제15조에는 어떤 자가 자기 아내가 다른 사람과 있는 것을 잡고 이를 다른 사람들에게 증명하면 이 둘을 모두 죽이도록 되어 있다. 제23조는 불륜 시에 중매쟁이와 동침한 자 모두 죽이도록 하였다.

히타이트 법전 제1조에서 18조까지에는 상해에 따른 배상 조항이 나온다. 제1조에는 어떤 자가 싸우다가 사람을 때려죽이면 가해자가 사람 4명을 지불하도록 하였다. 제2조에는 어떤 자가 종과 다투다가 종이 죽으면 사람 2명을 지불하도록 하고 있다. 제3조에는 어떤 자가 자유인을 때려죽이면 사람 2명을 지불하도록 하고 있다. 제5b조에는 누가 히타이트 상인을 때려죽이면 은 100미나[6]를 지불하고 이 사건이 루비야 땅이나 팔라 땅에서 일어나면 가해자는 은 100미나와 상인의 물품 값을 지불하도록 하고 있다. 그리고 하티에서 온 상인을 죽이면 은 6미나를 지불하고 물건 값의 세 배를 물도록 하고 있다. 제6a조에는 어떤 자가 타 지역에서 살해되면 살해된 지역에서 밭 100암마[7]를 가지도록 하고 있다. 남자가 타 지역에서 살해될 경우, 그가 자유인이면 밭, 공동경작지, 집과 은 1미나와 20세켈을 주어야 한다고 한다. 여자의 경우는 은 3미나로 배상하였다. 제37a조에는 어떤 자가 한 여자를 납치했는데, 공범자가 와서 두 사람을 죽이면 그는 손해배상을 하지 않도록 하고 있다. 만일 어떤 자가 소송에 연루되어 공범자로 왔고, 소송 상대편이 폭행하면 공범자는 어떤 배상도 하지 않는다. 제44a조 어떤 자가 다른 사람을 불에 던져 죽이면 어떤 자는 그의 자식을 주어야 한다고 한다. 제174조를 보면 둘이 싸우다가 한 사람이 죽으면 다른 사람으로 가해자는 배상하도록 하고 있다. 제187조는 소와의 수간에 대하여 중죄로 취급하여 사형에 처하고 있으며, 제188조는 양과의 수간에 대하여 이도 중죄로 보아 사형에 처하도록 규정하고 있다. 이 경우에 왕이 그를 살리거나 죽일 수도 있다. 그러나 제189조는 아들이 그의 어머니와 나쁜 짓을 하면 중죄이며 아버지가 자기 딸과 나쁜 짓을 한 경우도 중죄로, 아버지와 아들과의 관계도 같은 중죄로 보았다. 제190조에는 남자가 계모와 나쁜 짓을 하여도 어떤 형벌도 받지 않으며, 아버지가 살아 있으면 중죄로 취급하였다. 제191조는 어떤 자가 여러 여자들과 동거하거나 그녀들의 어머니들과 잤고, 또 이곳에서 여자들과 다른 곳에서 다른 여자들과 동거할 경우 어떤 형벌도 받지 않으며 다만 한곳에서 이 짓을 하면 중죄에 해당하였다. 산에서 어떤 자가 여자를 강제로 추행하면 사형에 처했으며, 어떤 자가 집에서 여자를 성추행하면 여자를 사형에 처하고 그 남편이 둘 다를 죽여도 무죄였다(제197조). 자기 아내가 바람을 피우면 남편이 궁궐 문 앞에서 말하기 따라 처벌을 받았다. 그것은 용서이든지 처벌이든지 둘 중에 하나였다. 개나 돼지와 수간을 하면 사형에 처했고, 소가 덤벼들어 그런 짓을 했으면 소만 죽이도록 하였다(제199조). 양이 사람에게 달려든 경우 사람 대신에 양을 죽이도록 하였다. 그러나 돼지가 사람에게 달려든 경우에 어떤 형벌도 부과되지 않았다. 말이나 버새의 경우에도 형벌이 따르지 않았다(제200조).

코란에서 형벌로 인한 죽음과 관련된 내용을 보면 다음과 같다. 이슬람은 의도된 살인을 금하고 있다. 코란 4장 92절은 고의로 믿는 자를 죽여서는 안 된다고 가르치고 있고, 17장 33절에는 정당한 이유 없이 사람을 죽이지 말라고 되어 있다. 피해자는 가해자 살해 범주를 넘어서지 말라고 한다. 피해자는 법관이 간섭할 수 없는 끼사스(Qisas)나 디야(Diya) 또는 아프아(Afa) 권리를 갖는다. 코란 25장 68절에는 정당한 이유 없이 알라가 금지한 생명을 죽이지 말라고 되어 있다. 정당한 이유의 살인은 의도적으로 사람을 죽인 자, 간음을 저지른 자, 또는 이슬람을 버리고 공동체를 이탈한 자를 죽이는 것이다. 6장 151절에는 가난을 이유로 자식을 살해하지 말라고 가르치고 있는데, 이는 이슬람 출현 이전에 여아가 태어나면 죽이던 관습과 먹을 것이 없던 시절에 자식을 죽이던 관습을 지니고 있었기 때문이다. 실수로 사람을 죽이면 노예로 보상하여야 하고, 그렇지 못할 경우에는 두 달 동안 단식을 하라고 명하고 있다(코란 4장 95절 참조). 고의로 신자(무슬림)를 죽이면 어떻게 될까? 이슬람은 이런 경우에 살인자에 대한 보상은 영원한 지옥에서 영생한다고 경고하고 있다(코란 4장 93절 참조). 코란 6장 152절을 보면 이슬람은 원칙적으로 살인을 금하고 있다. 코란 2장 178절에는 살인에 대하여 동등한 처벌 규정을 두고 있다. 자유인 대 자유인, 종복 대 종복 그리고 여성 대 여성과 같은 형식이다. 살인의 경우 끼사스를 적용하도록 하고 있다. 이슬람은 의도적인 살인에는 이유를 막론하고 사형을 집행한다. 그러나 유가족이 보상금(blood money)을 요구하면 사형은 집행하지 않는다. 살인이 비의도적이면 보상금이 사형을 대신할 수도 있다. 이슬람이 사형 제도를 고수하는 것은 사형 제도를 폐지한 서구 사회에서 살인이 더 많이 일어나고 있기 때문이라고 한다. 사형 제도를 채택하게 되면 범죄자가 살인을 저지르기 전에 적어도 자신의 행동에 대하여 수없이 생각하기에 예방 효과가 있다는 것이다.

이슬람이나 고대 근동 법이 현대보다 엄격한 것은 인류가 보편적으로 지키려고 노력해 온 다섯 가지 분야에 초점을 두고 있기 때문인 것으로 보인다. 예를 들면 생명 보호, 종교 보호, 이성(理性) 보호, 종족

보호, 재산 보호 등이다. 생명을 보호하기 위해서 보복, 즉 앙갚음이라는 법을 두었고, 종교를 보호하기 위해서 배교에 대한 처벌을 두었고, 이성을 보호하기 위해서 술을 금하였고, 종족을 보호하기 위하여 간음을 배제하였으며, 부를 보호하기 위하여 도둑질에 대한 처벌 조항을 두었던 것이다. 결론적으로 이 모든 것을 보호하기 위하여 엄격한 제도와 법이 필요하였던 것이다.

2) 절도

과거나 지금이나 절도는 불로소득형에 속하며 이는 저주의 대상이 되고 있다. 우르남무 법전 제2조에는 사람이 도둑질했을 경우, 사형에 처하도록 되어 있다. 함무라비 법전 제6-25조는 절도에 관한 조항이다. 제6조는 "만일 한 시민이 신전의 재산이나 왕궁의 재산을 훔친 경우, 그 사람은 사형에 처한다. 또한 이 훔친 물건을 가지고 있는 자도 사형에 처한다."고 되어 있다. 제7조에서는 "만일 한 시민이 다른 시민의 손에서 은이나 금, 남종이나 여종, 소나 양 또는 염소 등을 증인이나 계약서 없이 사거나 그것을 취했을 경우, 이 사람은 도둑으로 간주한다."고 한다. 그리고 그는 사형에 처하도록 되어 있다. 제8조에는 만일 한 시민이 신전이나 궁전 관리의 황소 한 마리를 훔쳤을 경우, 훔친 가축 값의 서른 배를 벌금으로 물어야 한다고 되어 있다. 만일 한 시민이 다른 사람의 황소 한 마리나 양 한 마리를 훔쳤을 경우, 훔친 가축 값의 열 배를 벌금으로 물어야 한다. 그러나 만일 훔친 가축에 대한 벌금을 물지 못하면 그는 사형에 처한다. 제22조에는 한 시민이 도둑질을 하다가 잡혔을 경우, 이 시민은 사형에 처한다고 되어 있다.

리피트-이쉬타르 법전은 단 한 조항만이 절도에 대하여 다루고 있다. 제9조는 어떤 자가 남의 과수원을 넘어가 도둑질을 하다가 잡히면 은 10셰켈을 물도록 하였다.

에쉬눈나 법전 제12조는 어떤 자가 궁에 속한 사람의 보리를 대낮에 훔치다 잡히면 은 10셰켈을 밭주인에게 주도록 하였다. 제13조는 어떤 자가 궁에 속한 사람의 집에서 나무를 훔치다 잡히면 은 10셰켈을 지불하도록 하였다. 보리를 대낮에 훔치다 잡히면 은 10셰켈을 밭주인에게 주도록 하였다. 제36조는 물건을 맡은 자가 집에 창문과 문이 그대로 있었는데도 도둑을 맞으면 맡긴 자에게 물어 주도록 하였다. 제50조는 지역을 지킬 임무를 담당한 자가 궁이나 궁에 속한 자의 종이나 도망친 종이나 나귀를 잡고도 돌려주지 않으면 절도죄로 간주고 그를 감옥에 가두도록 하였다.

함무라비 법전은 제6-25조가 절도에 관한 조항이다. 제8조는 어떤 자가 왕궁 관리의 황소 한 마리를 훔치다 들키면 서른 배로 배상하고 다른 자의 황소나 양 한 마리를 훔치면 열 배를 물도록 하였다. 제25

조는 어떤 자가 화재가 난 집에 불을 끄러 갔다가 그 집의 가재도구를 훔치면 불 속에 던지도록 하였다.

중기 앗시리아 법전 제1-9조는 절도와 배상에 관한 조항으로 그 어느 법전보다도 상세히 열거되어 있다. 제1조에는 한 시민의 부인이나 딸이 신전의 거룩한 것을 훔쳤는데 그것이 그 여자의 손에 있거나 누군가가 이를 입증하였을 경우, 신에게 물어서 그 여자를 처벌하도록 한다고 되어 있다. 그리고 제3조에는 만일 한 시민이 병들거나 죽어 그의 부인이 자기 집의 물건을 훔쳐서 다른 시민이나 다른 부인이나 다른 사람에게 주었을 경우, 사람들은 그 부인과 훔친 물건을 받은 이들을 죽여야 한다. 그러나 시민의 부인이 건강한데도 자기 집의 물건을 훔쳐 다른 시민이나 다른 부인이나 다른 사람에게 준 사실을 그 부인의 남편이 증명할 경우, 그 부인은 벌을 받아야 하고 그 물건을 받은 사람들에게도 그 부인이 받은 벌과 똑같은 죄를 물어야 한다고 되어 있다. 제4조에는 어떤 종이 어떤 사람의 부인에게서 무엇을 받았을 경우 사람들은 종의 귀와 코를 잘라야 하고 종들은 훔친 것을 배상해야 한다. 어떤 사람의 부인도 귀를 자르도록 되어 있다. 그러나 남편이 원하지 않으면 부인의 귀도 자르지 않아도 되고 종의 코와 귀도 자르지 않아도 된다. 이는 마치 이슬람의 아프아와 같은 형태라고 볼 수 있다. 제6조를 보면 어떤 사람의 아내가 장물을 외부로 빼돌리면 장물을 받은 자는 도둑으로 체포하도록 되어 있다. 제7조에는 어떤 사람의 아내가 다른 사람의 지갑을 훔친 사실이 증명되면 그녀는 동 30미나를 물어야 하며 사람들은 그 아내를 20대 때리도록 되어 있다.

히타이트 법전은 절도와 손해배상을 제57-113조에, 절도에 대한 처벌 조항을 제119-114조에 두어 그 어느 고대 근동 법전보다 구체적이 상세하다. 그 가운데 제114-118조는 훼손되어 남아 있지 않다. 제57a 조에 보면 황소를 훔친 경우의 배상에 대하여 상세히 기술되어 있으며, 제58b조에는 두 살 이상 된 종마를 훔치면 말 서른 마리로 보상하도록 하였다. 제59b조에는 어떤 자가 숫양을 훔치면 양 15마리로 배상하여야 하며 쟁기질하는 소를 훔치면 열 마리로 배상토록 하였다. 마차를 훔친 경우도 같은 배상을 하도록 하였다(제63a조, 64a조 참조). 젖소를 훔치면 소 여섯 마리로 배상하며 마차를 끄는 암말을 훔친 경우도 같은 배상을 하도록 하였다(제67a조, 68a조 참조). 제81a조를 보면 어떤 자가 살찐 돼지를 훔치면 은 12세켈을 지불하여야 하며 덜 자란 돼지를 훔치면 6세켈의 배상을, 그리고 지붕에 있는 돼지를 훔치면 6세켈의 배상을 하도록 되어 있다(제81a조, 82a조, 83a조). 지붕에 있는 돼지를 때려죽여도 같은 배상을 하게 되어 있다(제84a조 참조). 개에 대한 배상 조문도 있는데 양 지키는 개를 죽인 경우에 은 20세켈을, 사냥개를 죽이면 은 12세켈을, 집을 지키는 개를 죽이면 은 1세켈을 배상토록 하였다. 벌집을 훔치면 은 5세켈을, 벌통에 벌이 없음에도 불구하고 벌집을 훔치면 은 3세켈을 배상하도록 하였다(제91b조, 92b조). 재미있는 것은 정당방위가 성립 안 되는 조항이 있다는 것이다. 제93b조를 보면 도둑이 침입 전에 집주인이 그를 공격하면 은 12세켈을 지불하도록 하고 있다. 도둑질을 하면 그것을 돌려주고 배상도 함께 하도록 하고 있다. 제110조를 보면 어떤 자가 점토굴에서 초벌 벽토를 훔치면 훔친 양의 두 배를 갚도록 하고 있다. 기와를 훔친 경우도 두 배 배상을 하도록 하고 있다(제126조 참조). 제119조에는 훈련된 새를 훔치면 은 12세켈을 물도록 하였다. 하수도관을 훔치면 은 1세켈을 배상하여야 하고, 궁궐 문 앞에서 맷돌을 훔치면 은 6세켈을, 청동으로 된 맷돌을 훔치면 사형에 처하도록 되어 있다(제125조, 126조 참조). 묶여 있는 소나 말이나 버새를 훔치면 은 6세켈을 배상하고 자신의 재산도 담보물로 저당 잡도록 하고 있다.

이슬람의 코란과 순나에 의하면 도둑질은 하람(Haram), 즉 금기이다. 먼저 코란에 나타난 절도죄의 경우를 보도록 하자. 이슬람은 절도죄를 엄하게 다스리고 있다. 코란 5장 38절을 보면 "물건을 훔친 자가 남자든 여자든 무조건 손을 자르라"고 명하고 있다. 이는 두 손이 저지른 것에 대한 알라의 벌이라고 한다. 예언자 무함마드는 도둑질은 사회를 더럽히는 요소이므로 비난을 받아야 하며, 만약 도둑질을 한 자가 처벌받지 않으면 이것이 퍼져서 종국에는 이슬람 공동체를 오염시킬 것이라고 하였다. 그리고 예언자는 다른 신을 섬김이 없이 죽으면 그가 설사 성 범죄를 저지르고 도둑질을 하여도 회개하면 천국에 들어간다고 하였다. 계란을 훔친 자나 밧줄을 훔친 자도 손을 잘랐다. 예언자가 오기 전에는 부자들은 도둑질을 하여도 봐주고 천한 사람이 도둑질을 하면 그에게 벌을 내렸지만, 그는 자신의 딸인 파티마조차라도 도둑질을 했다면 손이 잘렸을 것이라고 말했다. 잘리는 부분은 손가락이 아니라 손목 부분이었다. 이슬람 개혁론자들은 너무 잔인하니 손가락만 자르자고 주장하기도 하며 엄지손가락은 그냥 두자고 하기도 한다. 다 자르게 되면 생활하기 불편하기 때문이다. 그리고 손을 자를 때에 무조건 자르는 것이 아니라 조건이 충족되어야 한다. 첫째, 물건을 몰래 훔친 것이라야 손목 절단이 가능하며 그렇지 않으면 손목을 자를 수 없다. 예를 들어 재산을 강압적으로 누군가에 의하여 빼앗길 경우, 도둑을 막아 달라고 요청할 수 있다. 둘째, 잃어버린 물건이 가치가 있어야 한다. 예를 들면 악기나 술, 돼지는 무가치하므로 도둑을 당해도 훔친 자가 손이 잘리지 않는다. 셋째, 두 명의 자격이 있는 자에 의해 증명이 되어야 한다. 예를 들면 금치산자나 정신병자는 증인으로 효력이 없다. 증인이 없으면 손은 잘리지 않는다. 또는 도둑이 두 번 자신의 도둑질 사실을 고백해야 한다. 도둑을 맞은 사람이 돌려받길 원하지 않으면 도둑놈은 손이 잘리지 않는다. 이것을 보면 이슬람은 완전히 피해자에게 모든 권한이 있는 것 같다.

고대 근동 법들은 도둑질에 대하여 엄하게 사형이나 엄청난 배상을 하도록 하였으며 특히 사람을 납치한 경우는 사형이라는 처벌을 고수하였다. 반면에 이슬람은 손을 자르거나 배상으로 처벌을 마무리하였다. 고대 근동 법과 이슬람의 처벌 즉 사형이나 배상은 유사하며 후자가 전자를 수용한 것으로 보인다. 그러나 처벌은 이슬람 시대에 들어와 고대 근동 시대보다 다소 완화되었는데, 이는 사람의 생명을 더 중시하고 배상으로도 해결이 가능하였기 때문인 것으로 보인다. 이슬람의 사형이나 도둑질에 대한 처벌은 고대 근동 법의 영향을 받았지만 다소 완화되었고, 덜 구체적이었다고 할 수 있다.

코란에 나타난 샤리아 규범

- Quranic Laws의 가정생활 규범을 중심으로

임 병 필 _ 명지대 중동문제연구소

1. 머리글

무슬림들에게 코란은 알라로부터 나온 증거이고, 인간을 진리로 인도하는 헌법이다. 코란의 가르침은 절대적인 것으로써 모든 무슬림은 이를 낭송하고 받들어야 한다. 특히 코란은 인간 생활에 필요한 여러 측면의 샤리아 규범들을 제시하고 있는데, 코란에 나타난 샤리아 규범은 크게 세 종류가 있다. 첫째는 신조 규범으로, 알라에 대한 믿음, 천사, 성서, 예언자들, 최후의 심판일 등에 대한 믿음에 관한 것이다. 둘째는 예절 규범으로, 의무 이행자가 덕을 쌓고 악을 멀리하는 것에 관한 것이다. 셋째는 행동 규범으로, 의무 이행자가 행하는 언행, 계약 등의 행동에 관한 것이다. 이 중 행동 규범은 예배, 단식, 자카트, 순례, 신앙고백과 같이 알라와 인간과의 관계를 다루는 규범과 계약, 행동, 범죄, 형벌과 같이 인간 상호 간의 관계를 다루는 규범으로 이분된다. 이와 같은 법 규범에 관한 코란 구절들을 규범절이라고 부른다. 일반적으로 코란에 제시된 규범절의 숫자는 800개, 500개, 200개, 150개 등 학자들 간에 이견[1]이 있는 것으로 알려져 있다.[2]

이처럼 이슬람에 정통한 학자들 간에도 코란에 나타난 규범절의 숫자에 대해 상당한 차이를 보이고 있는 상황에서 일반 독자들을 위한 자료를 선택하는 것은 매우 어려운 일이다. 따라서 이 글에서는 코란에 나타난 법규범을 주제별로 상세히 다루고 있는 파르베즈(Gulam Ahmad Parwez, 1903-1985)의 *Quranic Laws*에[3] 정리된 내용들을 중심으로 코란에 나타난 규범절을 살펴볼 것이다. *Quranic Laws*에서는 코란의 모든 규범을 16개의 범주로 분류하였으나, 이 글에서는 지면의 제한으로 인해 현재의 이슬람과 무슬림을 이해하는 데 우선적으로 필요하다고 판단되는 가정생활 규범만을 다룰 것이다. 이러한 과정을 통해 코란 속의 가정생활 관련 규범절을 내용별로 분류하여 정확한 의미를 정리한 다음[4], 샤리아의 제1법원으로 기능하는 코란의 의미를 살펴볼 것이다.

2. 가정생활을 위한 명령(의무)[5]

*Quranic Laws*에서는 코란의 규범절 중 가정생활을 위한 내용을 '남자와 여자의 지위'에 관한 부분과 '남편과 아내의 관계'에 관한 부분으로 분류하였다. 특히 '남편과 아내의 관계'에 관한 부분을 '결혼 계약, 성년, 상호 동의, 결혼, 금지된 결혼, 일부다처제, 결혼의 장려와 절제, 성생활의 목적, 결혼 생활의 목적, 혼례금(마흐르, mahr), 부양(생계), 이혼, 이혼 후 기다리는 기간(잇다, iddah), 젖먹이(유아), 자손(혈통), 고아' 등 16개의 항목으로 매우 세분화하였다.[6]

1) 남자와 여자의 지위

우리(하나님)는 아담의 자손에게 은혜를 베풀었고 육지와 바다에 그들을 실어다 주었으며 그들에게 온갖 좋은 것들을 주었다. 또한 우리가 창조했던 많은 것들보다 그들에게 온전한 은혜를 베풀어 주었다.(제17장 70절)

그들 가운데 한 사람이 여자아이가 태어났다는 소식을 들었을 때 화를 내며 얼굴이 검어졌다 / 전해진 나쁜 소식에 그는 수치스러워 사람들로부터 숨고 치욕에도 그(여자아이)를 보유할 것인가 아니면 흙 속에 묻을 것인가[7]를 생각하였다. 그들이 한 판단은 얼마나 나쁜가.(제16장 58-59절)

그들은 장식되어 양육되고 근거도 없는 논쟁을 하는 자들이라.(제43장 18절)

… 너희들 중 두 명의 남자를 증인으로 채택하라. 만일 두 명의 남자가 없다면 너희들이 증인들로 승인하는 사람들 중에서 남자 한 명과 여자 두 명을 증인으로 채택하라.[8] 만일 두 명의 여자들 중 한 사람이 길을 잃으면 다른 여성이 상기시켜 줄 것이다 ….(제2장 282절)

… 남성은 그들이 얻은(번) 것의 몫이 있고 여성도 그들이 얻은(번) 것의 몫이 있다. … / … 남자들은 여자들을 돌보는 이들이다. 왜냐하면 알라께서 그들 중 일부(여자들)보다 일부(남자들)를 더 선호했기 때문

이다. …(제4장 32절, 34절)

무슬림 남녀에게, 믿음이 있는 남녀에게, 순종하는 남녀에게, 진실한 남녀와 인내하는 남녀에게, 겸손한 남녀에게, 자선을 베푸는 남녀에게, 단식을 행하는 남녀에게, 정절을 지키는 남녀에게, 알라를 많이 생각하는 남녀에게 알라는 용서와 크나큰 보상을 준비하셨다.(제33장 35절)

남자이건 여자이건 올바른 행동을 하는 자는 천국에 들어가 대추씨의 작은 점만큼도 부당한 취급을 받지 않는다.(제4장 124절)

그들의 주(主)가 그들에게 응답하기를, 남자든 여자든 너희들이 한 일을 내가 폐기하지 않을 것이다. 너희들은 모두 동등하다. …(제3장 195절)

남자나 여자 중에서 올바르게 행동하는 자는 믿는 자이다. 그래서 우리는 그를 좋은 삶으로 소생시키고 그들이 행동했던 최선의 것으로 그들에게 보상하였다.(제16장 97절)

믿음이 있는 남녀는 서로의 동료라. 그들은 좋은 것을 명령하고 나쁜 것을 금하며 예배를 행하고 자선금⁹을 내고 알라와 그의 사도에게 복종한다.(제9장 71절)

2) 남편과 아내의 관계

(1) 결혼 계약

너희들은 어떻게 그것을 돌려받느냐. 이미 너희들 일부는 일부에게 도달했고 그녀들은 너희들로부터 엄숙한 계약(약속)을 받았다.(제4장 21절)

(2) 성년

결혼에 이를 때[10]까지 고아들을 보살펴라.(제4장 6절)

그가 성년이 될 때까지[11] 더 좋은 방식이 아닌 경우 고아의 재산에 가까이 하지 말라.(제6장 152절)

그가 성년이 될 때까지 더 좋은 방식이 아닌 경우 고아의 재산에 가까이 하지 말라.(제17장 34절)

그분은 너희들을 진흙으로부터 창조하시고, 한 방울의 정액으로부터 한 방울의 응혈로부터 창조하신 뒤에, 너희들을 아기로 만드시고, 성년이 되게 하신 다음에, 노인이 되게 하신다.(제40장 67절)

(3) 상호 동의

믿는 이들이여 여성들을 강제로 상속하는 것은 너희들에게 허락되지 않는다.[12](제4장 19절)

(4) 결혼

오늘 좋은 것들이 너희들에게 허용되었다. 성서가 주어진 사람들
(성서의 백성들)의 음식이 너희들에게 허용되었으며, 너희들의 음식이
그들에게 허용되었다. 그리고 믿음이 있는 정숙한 여자들과 너희들
이전에 성서가 주어진 사람들 중의 정숙한 여자들이 (너희들에게 허용되
었다).[13] 너희들이 그녀들에게 혼례금[14]을 줄 때 적법한 결혼을 하고 간
음하지 말며 내연의 처를 두지 말라. …(제5장 5절)

(5) 금지된 결혼[15]

우상을 숭배하는 여자들과는 그 여자들이 (이슬람을) 믿을 때까지 결
혼하지 말라. 비록 그녀들이 너희들의 마음에 든다고 하더라도 믿는
여자들이 우상을 숭배하는 여자들보다 더 낫다. 너희들은 우상을 숭
배하는 남자들이 믿을 때까지 딸들을 그들과 결혼시키지 말라. 그들
이 너희들의 마음에 든다고 하더라도 믿는 노예들이 우상을 숭배하
는 남자들보다 더 낫다. 그들은 지옥불로 초대하는 자들이다.(제2장 221
절)

… 너희들이 그녀들에게 혼례금을 줄 때 적법한 혼인을 하고 간음
하지 말며 내연의 처를 두지 말라. …(제5장 5절)

이미 지나간 것은 예외로 하고 너희 아버지들이 결혼한 여자들과
결혼하지 말라. 실로 이것은 추한 일이며 잔인무도한 일이고 나쁜 길

이다. / 너희들에게 금지된 것은 너희들의 어머니들, 너희들의 딸들, 너희들의 여자 형제들, 너희들의 고모들, 너희들의 이모들, 남자 형제의 딸들, 여자 형제의 딸들, 너희들에게 젖을 먹였던 어머니들(유모들), 젖으로 맺은 여자 형제들, 너희 여자들(아내들)의 어머니들, 너희들이 육체적 관계를 맺었던 너희 여자들의 소생으로 너희들의 보살핌 하에 있는 양녀들. 만일 너희들이 그녀들과 육체적 관계를 맺지 않았다면 (그녀들의 딸과 결혼해도) 너희들에게는 죄가 아니다. 너희들의 허리로부터 나온(너희들이 낳은) 아들들의 아내들, 이미 지나간 것은 예외로 하고 두 자매와 동시에 결혼하는 것은 (금지라) … / 결혼한 여자들과도 금지되나 너희들의 오른손이 소유한 것(노예)은 예외이다. (제4장 22-24절)

간통을 한 남자는 간통을 한 여자나 우상을 숭배한 여자가 아니고는 결혼할 수 없다. 그리고 간통을 한 여자는 간통을 한 남자나 우상을 숭배한 남자가 아니고는 결혼할 수 없다. 그것은 믿는 이들에게는 금지되었다. (제24장 3절)

믿는 이들이여, 만일 믿는 여성들이 너희들에게 도망쳐 온다면 그녀들을 시험해 보라. 알라께서는 그들의 믿음을 잘 알고 계신다. 만일 그녀들이 믿는 이들이라는 것을 너희들이 알게 되었다면 불신자들에게 그녀들을 돌려보내지 말라. 그녀들은 그들에게 허락되지 않으며 그들은 그녀들에게 허락되지 않는다. 그리고 그들이 지불했던 것을 주어라. 만일 너희들이 그녀들에게 혼례금을 준다면 그녀들과 결혼하는 것이 죄가 아니다. 그러나 불신자들과의 결합을 붙잡지 말라(불신자들과 결혼하지 말라) …(제60장 10절)

(6) 일부다처제

만일 너희들이 한 아내를 다른 아내(의 자리)로 대체하기를 원한다면, 100킬로그램의 금을 주었다고 하더라도 그중 조금도 취하지 말라. 중상과 명백한 죄로 그것을 취하려고 하는가?!(제4장 20절)

만일 너희들이 고아들에게 공정하게 행동하지 못할 것이 두렵다면 너희들이 좋아하는 두 명, 세 명, 네 명의 여자들과 결혼하라. 그러나 너희들이 공정하지 못할 것이 두렵다면 한 명의 여자나 너희들의 오른손이 소유하고 있는 것(노예)과 결혼하라. 그것이 올바른 길에서 벗어나지 않을 공산이 크다.(제4장 3절)

믿는 이들이여 여성들을 강제로 상속하는 것은 너희들에게 허락되지 않는다.(제4장 19절)

너희들이 매우 원한다고 하더라도 여자들 사이에서 공정하게 행동하지 못할 것이다. 지나치게 한쪽으로 치우치지 말고 그녀를 공중에 매달린 것처럼 내버려 두지 말라 …(제4장 129절)

(7) 결혼의 장려와 절제

너희들 중의 과부와 홀아비들을 결혼시켜 주라. 그리고 너희들의 남녀 노예들 중 올바른 이들을 결혼시켜 주라 ··· / 결혼을 할 수 없는 사람들은 알라께서 은총으로 그들을 부유하게 만들 때까지 절제하도록 하라 ···(제24장 32절-33절)

(8) 성생활의 목적

너희들의 여자들은 너희들을 위한 경작지이다. 그러니 너희들이 원할 때마다 너희들의 경작지로 가라. 너희들의 영혼을 제공하고 알라를 조심하라. ···(제2장 223절)

너희들이 결혼을 통해 그녀들로부터 즐거움을 얻었다면 그녀들에게 합의의 방식으로 혼례금을 주어라. 합의 이후에 너희들이 결혼을 통해 만족하는 것에 대해서는 죄가 아니다. ···(제4장 24절)

(9) 결혼 생활의 목적

그분이 너희들을 위해 너희들 자신들로부터 배우자들을 창조하시고 그녀와 함께 살게 하신 것과 너희들 사이에 애정과 자비를 만들었던 것은 그(알라)의 징표 중 하나이다. 실로 그것에 생각하는 백성들을 위한 징표가 있다.(제30장 21절)

너희들이 단식날 밤에 너희들의 여자들에게 외설스런(음란한) 행위를 하는 것은 허용되었다. 그녀들은 너희들을 위한 의상이요, 너희들은 그녀들을 위한 의상이다. 알라께서는 너희들이 스스로를 속이고

있었다는 것을 알고 계셨다. 알라께서 너희들을 용서하셨다. …(제2장 187절)

남자들은 여자들을 돌보는 이들이다. 왜냐하면 알라께서 그들 중 일부(여자들)보다 일부(남자들)를 더 선호했기 때문이다. 또한 그들이 돈을 쓰기 때문이다. 그러므로 올바른 여자들은 순종하며 남편이 부재 시에 알라께서 보호하는 것을 보호한다. 너희들이 그녀들의 비행이 두려운 경우에는 먼저 그녀들에게 충고하고 다음으로 그녀들을 침대에서 물리치며 마지막으로 그녀들을 때려 주어라.[16] 만일 그녀들이 너희들에게 복종한다면 그녀들에 대한 어떤 수단을 찾지 말라. …(제4장 34절)

물로부터 인간을 창조하시고 혈연과 결혼으로 인한 관계를 만드신 분도 이분이시다. …(제25장 54절)

(10) 혼례금[17]

… 너희들이 결혼을 통해 그녀들로부터 즐거움을 얻었다면 그녀들에게 합의의 방식으로 혼례금을 주어라. 합의 이후에 너희들이 결혼을 통해 만족하는 것에 대해서는 죄가 아니다. …(제4장 24절)

… 너희들이 그녀들에게 혼례금을 줄 때 적법한 혼인을 하고 간음하지 말며 내연의 처를 두지 말라. …(제5장 5절)

여자들에게 혼례금을 의무적으로 주어라. 만일 그녀들이 너희들에

게 그것 중 일부를 자진해서 돌려준다면 기꺼이 그것을 수락하라.(제4 장 4절)

너희들이 여성들에게 손을 대지(만지지) 않았거나 그녀들을 위해 혼 례금을 결정하지 않았다면 그녀들과 이혼을 하여도 죄가 아니다. 그 러나 유복한 자는 그의 능력대로 가난한 자는 그의 능력대로 그녀들 에게 명예롭게 보상을 제공하라. 이는 덕이 있는 남자들의 의무이다. / 만일 너희들이 그녀들에게 손을 대기 전이지만 이미 혼례금을 결정 한 후 이혼을 했다면 너희들이 결정한 것의 절반을 지불하라. 그러나 그녀들이나 결혼 계약이 그의 손에 있는 사람(보호자, 후견인)이 포기한 다면 예외이다. …(제2장 236-237절)

만일 너희들이 한 아내를 다른 아내(의 자리)로 대체하기를 원한다 면, 100킬로그램의 금을 주었다고 하더라도 그중 조금도 취하지 말 라. 중상과 명백한 죄로 그것을 취하려고 하는가?!(제4장 20절)

믿는 이들이여, 너희들이 믿는 여성과 결혼하고 그녀들에게 손을 대기 전에 이혼하였다면 너희들이 생각하는 너희들을 위한 잇다[18]는 그녀들에게 의무가 아니다. 그러나 너희들은 그녀들에게 이혼에 대한 보상금을 제공하고 그녀들에게 품위 있게 자유를 주어라.(제33장 49절)

믿는 이들이여, 여성들을 강제로 상속하는 것은 너희들에게 허락되 지 않는다. 그리고 그녀들에게 주었던 것의 일부를 빼앗기 위해 그녀 들의 결혼을 방해하지 말라. 그러나 그녀들이 분명한 비행을 저질렀

을 경우에는 예외라. …(제4장 19절)

이혼은 두 번이다. 그 이후엔 품위 있게 유지하거나 친절하게 자유를 주어라. 너희들이 그녀들에게 주었던 것을 되가져 오는 것은 허락되지 않는다. 그러나 서로가 알라의 한계를 지키지 못할 것이 두려운 경우엔 예외라. …(제2장 229절)

(11) 부양(생계)

남자들은 여자들을 돌보는 이들이다. 왜냐하면 알라께서 그들 중 일부(여자들)보다 일부(남자들)를 더 선호했기 때문이다. 또한 그들이 돈을 쓰기 때문이다. 그러므로 올바른 여자들은 순종하며 남편이 부재시에 알라께서 보호하는 것을 보호한다. 너희들이 그녀들의 비행이 두려운 경우 먼저 그녀들에게 충고하고 다음으로 그녀들을 침대에서 물리치며 마지막으로 그녀들을 때려 주어라. 만일 그녀들이 너희들에게 복종한다면 그녀들에 대한 어떤 수단을 찾지 말라. …(제4장 34절)

이혼한 여성들에게 명예롭게 보상을 제공하라. 이는 덕이 있는 남자들의 의무이다.(제2장 241)

예언자여, 너희들이 여자들과 이혼을 할 때 그녀들의 잇다 후에 이혼하라. 잇다를 계산하고 너희들의 주 알라를 두려워하라. …(제65장 1절)

너희의 수단에 따라 너희들이 사는 곳에 그녀들을 살게 하라. 그녀들을 곤궁에 빠뜨리기 위해 그녀들을 괴롭히지 말라. 만일 그녀들이 임신을 했다면 출산을 할 때까지 비용을 지불하라. 만일 그녀들이 너희들을 위해 (너희들 아이의) 젖을 먹인다면 그녀들에게 보상을 하고, 서로 품위 있게 상의하도록 하라. 너희들이 그렇게 하기가 어렵다면 다른 여성이 그(아이)에게 젖을 먹일 것이다 / 부가 있는 사람은 그의 부에 따라서 소비하고 생계가 어려운 사람은 알라께서 주신 것으로 소비하라. …(제65장 6-7절)

(12) 이혼

만일 너희 둘 사이가 헤어질 것이 두렵다면 그의 가족들 중에서 중재자(심판자)를 그리고 그녀의 가족들 중에서 중재자를 내세우라. 그들 두 사람이 화해를 원한다면 알라께서 그 둘 간을 화해시킬 것이다. …(제4장 35절)

만일 한 여성이 남편으로부터의 잔인한 처사나 처자 유기를 두려워한다면 둘 사이를 화해시키려는 것은 두 사람에 대한 죄가 아니다. 화해가 더 좋은 것이다. …(제4장 128절)

알라는 남편에 관해 너(예언자)에게 호소하고 알라께 불평한 그녀의 말을 들으셨다. 알라는 너희 둘 간의 대화를 들으신다. 알라는 모든 것을 듣고 모든 것을 보시는 분이라.(제58장 1절)

예언자여, 너희들이 여자들과 이혼을 할 때 그녀들의 잇다 후에 이혼하라. 잇다를 계산하고 너희들의 주 알라를 두려워하라. 그들을 그녀들의 집으로부터 내쫓지 말고 그녀들이 나가게 해서는 안 된다. 그러나 그녀들이 분명한 비행을 저지른 경우는 예외이다. 이것이 알라의 한계이다. … / 그녀들이 정해진 기간에 도달했다면 그녀들을 품위 있게 붙잡거나 그녀들과 품위 있게 헤어지라. 너희들 중에서 공정한 두 명의 남자를 증인으로 채택하고 알라를 위해 증언하게 하라. …(제 65장 1-2절)

만일 너희들이 한 아내를 다른 아내(의 자리)로 대체하기를 원한다면, 100킬로그램의 금을 주었다고 하더라도 그중 조금도 취하지 말라. 중상과 명백한 죄로 그것을 취하려고 하는가?! / 너희들은 어떻게 그것을 취하느뇨. 너희들은 이미 서로에게 도달했으며, 그녀들이 너희들로부터 엄숙한 맹세를 받지 않았던가.(제4장 20-21절)

이혼한 여성은 그녀들 스스로 세 번의 생리를 기다릴 것이다. 알라가 그녀들의 자궁에서 창조한 것을 숨기는 것은 그녀들에게 허용되지 않는다. … / 이혼은 두 번이다. 그 이후엔 품위 있게 그녀들을 유지하거나 친절하게 그녀들에게 자유를 주어라. 너희들이 그녀들에게 주었던 것을 되가져 오는 것은 허락되지 않는다. 그러나 서로가 알라의 한계를 지키지 못할 것이 두려운 경우엔 예외이다. …(제2장 228-229절)

믿는 이들이여 여성들을 강제로 상속하는 것은 너희들에게 허락되지 않는다. 그리고 그녀들에게 주었던 것의 일부를 빼앗기 위해 그녀

들의 결혼을 방해하지 말라. 그러나 그녀들이 분명한 비행을 저질렀을 경우에는 예외이다. …(제4장 19절)

너희들이 여자들과 이혼을 하고 그녀들이 정해진 기간에 도달했다면 품위 있게 그녀들을 유지하거나 품위 있게 그녀들에게 자유를 주라. 너희는 위반하기 위하여 심술궂게 그녀들을 유지하지 말라 … / 너희들이 여자들과 이혼을 하고 그녀들이 정해진 기간에 도달하였을 때 그들이 서로 품위 있게 만족한다면 그녀들이 (전)남편들과 결혼(재혼)하는 것을 방해하지 말라. …(제2장 231-232절)

만일 그가 그녀와 이혼을 했다면 그녀가 그가 아닌 다른 남편과 결혼한 이후까지는 그에게 허용되지 않는다. 만일 그가 그녀와 이혼했다면 두 사람이 재혼하는 것은 두 사람에게 죄가 아니다. …(제2장 230절)

(13) 이혼 후 기다리는 기간(잇다)

이혼한 여성은 그녀들 스스로 세 번의 생리를 기다릴 것이다. 알라가 그녀들의 자궁에서 창조한 것을 숨기는 것은 그녀들에게 허용되지 않는다. … / 너희들이 여자들과 이혼을 하고 그녀들이 정해진 기간에 도달했다면 품위 있게 그녀들을 유지하거나 품위 있게 그녀들에게 자유를 주라. 너희는 위반하기 위하여 심술궂게 그녀들을 유지하지 말라. … / 너희들이 여자들과 이혼을 하고 그녀들이 정해진 기간에 도달하였을 때 그들이 서로 품위 있게 만족한다면 그녀들이 (전)

남편들과 결혼(재혼)하는 것을 방해하지 말라. … / 너희들 중에 부인들을 남겨두고 죽은 경우 그녀들은 스스로 4개월 10일을 기다릴 것이다. 만일 그녀들이 정해진 기간에 도달했다면 그녀들 스스로 품위 있게 하는 것에 대해서는 죄가 아니다. 알라는 너희들이 하는 것을 잘 알고 계신다. / 너희들이 여자들에게 청혼을 하거나 마음속에 두는 것을 내비치는 것은 죄가 아니다. 알라는 너희들이 그녀들을 생각하는 것을 알고 계신다. 그러나 너희들이 품위 있는 말이 아니라 그녀들과 비밀스럽게 약속을 하는 것은 안 되며, 언급된 기간에 도달할 때까지 결혼 계약을 결정해서도 안 된다. 알라는 너희들의 마음 속에 있는 것을 알고 계시다는 것을 알라 …(제2장 228절, 231-232절, 234-235절)

예언자여, 너희들이 여자들과 이혼을 할 때 그녀들의 잇다 후에 이혼하라. 잇다를 계산하고 너희들의 주 알라를 두려워하라. 그들을 그녀들의 집으로부터 내쫓지 말고 그녀들이 나가게 해서는 안 된다. 그러나 그녀들이 분명한 비행을 저지른 경우는 예외이다. 이것이 알라의 한계이다. …(제65장 1절)

너희들의 여자들 중에 순수한 피(생리)를 포기한 이들은, 너희들이 의심을 갖는다면 그녀들의 잇다는 3개월이다. 생리를 하지 않는 이들도 마찬가지이다. 임신한 여자들의 정해진 기간은 출산을 할 때까지이다. …(제65장 4절)

믿는 이들이여, 너희들이 믿는 여성과 결혼하고 너희들이 그녀들에게 손을 대기 전에 이혼하였다면 너희들이 생각하는 너희들을 위한 잇다는 그녀들에게 의무가 아니다. 그러나 너희들은 그녀들에게 이혼에 대한 보상금을 제공하고 그녀들에게 품위 있게 자유를 주어라.(제33장 49절)

너희의 수단에 따라 너희들이 사는 곳에 그녀들을 살게 하라. 그녀들을 곤궁에 빠뜨리기 위해 그녀들을 괴롭히지 말라. 만일 그녀들이 임신을 했다면 출산을 할 때까지 비용을 지불하라. 만일 그녀들이 너희들을 위해 (너희들 아이에게) 젖을 먹인다면 그녀들에게 보상을 하고, 서로 품위 있게 상의하도록 하라. 너희들이 그렇게 하기가 어렵다면 다른 여성이 그(아이)에게 젖을 먹일 것이다. / 부가 있는 사람은 그의 부에 따라서 소비하고 생계가 어려운 사람은 알라께서 주신 것으로 소비하라. …(제65장 6-7절)

이혼한 여성들에게 명예롭게 보상을 제공하라. 이는 덕이 있는 남자들의 의무이다.(제2장 241절)

만일 두 사람이 헤어졌다면 알라는 두 사람 모두에게 그의 부에서 충분히 제공해 주신다. 알라는 가장 부유하시고 현명하시다.(제4장 130절) 너희들 중에 아내들을 남기고 죽는 사람의 경우, 그들의 아내들을 위해 내쫓지 말고 일 년간 부양할 것을 유언하라. 만일 그녀들이 나간다면 그녀들 스스로 품위 있게 한 일에 대해서는 너희들의 죄가 아니다. 알라는 권능이 있으시고 현명하시다.(제2장 240절)

⒁ 젖먹이(유아)

우리는 부모에게 효도하라고 인간들에게 충고했다. 어머니는 고통으로 인간을 임신하고 고통으로 그를 출산하며 임신에서 젖을 떼기까지 30개월이라. …(제46장 15절)

어머니들은 젖을 먹이는 것이 완성되기를 원하는 사람(아버지)을 위해 아이들에게 2년 동안 온전히 젖을 먹일 것이다. 이때 아이의 아버지는 그녀들의 생계와 의복을 품위 있게 제공해야 한다. 그(아버지)는 능력 이상의 비용을 부담하지 않으며, 어머니는 아이로 인해 아버지도 아이로 인해 고통을 당하지 않는다. 상속인도 그와 같다. 만일 두 사람이 상호 동의와 합의로 젖을 떼기를 원한다면 죄가 아니다. 만일 너희들이 아이들을 유모에게 맡기길 원하는 경우 품위 있게 너희들이 원하는 것을 지불한다면 죄가 아니다. …(제2장 233절)

우리는 부모에 관해 인간들에게 충고했다. 어머니는 허약해지면서 그를 임신하고 젖을 떼는 데 2년이 걸렸다. 나(알라)와 너희 부모들에게 감사하라. …(제31장 14절)

너희의 수단에 따라 너희들이 사는 곳에 그녀들을 살게 하라. 그녀들을 곤궁에 빠뜨리기 위해 그녀들을 괴롭히지 말라. 만일 그녀들이 임신을 했다면 출산을 할 때까지 비용을 지불하라. 만일 그녀들이 너희들을 위해 (너희들 아이에게) 젖을 먹인다면 그녀들에게 보상을 하고, 서로 품위 있게 상의하도록 하라. 너희들이 그렇게 하기가 어렵다면

다른 여성이 그(아이)에게 젖을 먹일 것이다.(제65장 6절)

(15) 자손(혈통)

궁핍의 두려움 때문에 너희들의 아이들을 살해하지 말라. 우리는 그들(아이들)과 너희들에게 (생계를 위한 것을) 제공할 것이다. 실로 살해는 매우 부당한 것이다.(제17장 31절)

말하라, '이리로 오라, 내가 너희들의 주께서 너희들에게 금지했던 것을 말해줄 것이다. 그 무엇이든 그(알라)의 동반자로 만들지(비유하지) 말고, 부모에게 효도하고, 궁핍 때문에 아이들을 살해하지 말라. 우리가 너희들과 그들에게 (생계를 위한 것을) 제공할 것이다. …(제6장 151절)

너희들을 한 영혼에서 창조하시고 그(영혼)로부터 그의 배우자를 만들어 같이 살게 하였다. 그가 그녀와 결합하여 임신을 가볍게(작게) 하였고, 시간이 지나 그녀가 무거워졌을 때 그 두 사람이 알라를 그들의 주로 초대하였다. '만일 당신이 우리에게 건강한 이(아이)를 주신다면 우리는 감사할 것입니다.' / 그(알라)가 두 사람에게 건강한 아이를 주었을 때 두 사람은 그(알라)의 동반자들[19]을 만들었다. …(제7장 189-190절)

하늘과 땅의 주권은 알라께 있다. 그는 원하는 것을 창조하고 그가 원하는 사람에게 여성들을 주고 그가 원하는 사람에게 남성을 준다. / 그들에게 남녀를 결혼시키고 그가 원하는 사람을 불임[20]으로 만든다. 실로 그는 전지전능하시다.(제42장 49-50절)

그들 가운데 한 사람이 여자아이가 태어났다는 소식을 들었을 때 화를 내며 얼굴이 검어졌다 / 전해진 나쁜 소식에 그는 수치스러워 사람들로부터 숨고 치욕에도 그(여자아이)를 보유할 것인가 아니면 흙 속에 묻을 것인가를 생각하였다. 그들이 한 판단은 얼마나 나쁜가.(제16장 58-59절)

여성들과 자녀들과 쌓여 있는 금은과 표시가 된(훌륭한) 말들과 가축들과 농경지들로부터 온 욕망에 대한 사랑이 사람들에게 장식되었다. 이것들이 세상 삶(현세)의 즐거움이다.(제3장 14절)

너희들의 재산들과 아이들은 유혹이라는 것을 알아라. 알라께는 거대한 보상이 있다.(제8장 28절)

믿는 이들이여, 너희들의 아내들과 아이들 중에도 너희들의 적이 있다. 그러니 그들을 조심하라. 너희들이 이해하고 참아 주고 용서를 한다면 알라는 용서하시고 자비로운 분이시다. / 너희들의 재산들과 아이들은 유혹이다. 알라께는 거대한 보상이 있다.(제64장 14-15절)

말하라, '너희들의 아버지들과 자식들과 형제들과 아내들과 친척들과 너희들이 획득한 재산들과 너희들이 불황을 두려워하는 무역과 너희들이 만족하는 주택이 알라와 그의 사도와 그의 길에서의 지하드[21]보다 너희들에게 더 소중하다면 알라께서 명령할 때까지 기다려라.' 알라께서는 사악한 죄인들을 인도하지 않는다. 알라께서는 너희들을 도우셨다.(제9장 24절)

그들의 재산도 그들의 자식들도 알라에게서는 아무런 도움이 되지 못할 것이다. 그들은 지옥불의 동료들이 되어 영원히 그곳에 머물 것이다.(제58장 17절)

노아가 그의 주를 불러서 말하기를, '주여, 저의 아들은 가족 중 하나입니다. 당신의 약속은 진실이며 당신은 가장 훌륭한 재판관입니다' / 그(알라)가 말하길, '노아여, 그는 너의 가족이 아니다. 그것은 올바르지 않은 행동이다. 그러니 네가 알지 못하는 것을 요청하지 말라. 내가 너에게 충고하니 너는 무지한 자들 중에 있지 말라.'(제11장 45-46절)

알라를 경배하고 그 무엇도 그와 비유하지 말라. 부모에게, 친척들에게, 고아들에게, 불쌍한 사람들에게, 가까이 있는 이웃과 가까이 있는 친구들에게, 여행자들에게, 너희들의 오른손이 소유하고 있는 것(노예)에게 친절하라. 실로 알라는 오만하게 활보하는 자들을 좋아하지 않는다.(제4장 36절)

너의 주께서 그(주) 외에는 경배하지 말고 부모가 한 분이든 두 분 모두이든 늙어 너와 함께 있을 때 그들에게 효도하라고 명하셨다. 두 분에게 화를 내거나 불쾌함을 표현하지 말고 책망하지 말며 친절한 말로 말하라. / 두 분에게 자비로 만든 겸손의 날개를 내리면서 말하라 '주여, 두 분이 어려서 저를 양육하였던 것처럼 두 분에게 자비를 베푸소서.'(제17장 23-24절)

성서에서 아브라함을 언급하라. 그는 진실한 사람이며 예언자였다. / 그가 그의 아버지에게 말하길, '아버지, 듣지도 보지도 못하고 당신께 아무런 소용도 되지 않는 것을 왜 숭배합니까? / 아버지, 당신께 오지 않았던 지식이 나에게 왔습니다. 그러니 저를 따르십시오. 제가 당신을 올바른 길로 인도하겠습니다. / 아버지, 사탄을 숭배하지 마십시오. 사탄은 자비로우신 분(알라)에게 복종하지 않았습니다. / 아버지, 저는 자비로운 분(알라)의 징벌이 당신께 닥치고 당신이 사탄의 공범이 될까 두렵습니다.'(제19장 41-45절)

(16) 고아

그렇지 않다. 너희들은 고아들에게 관대하지 않는구나.(제89장 17절)

그러므로 고아들을 억압하지 말라.(제93장 9절)

현세와 내세에서 고아들에 관해 너에게 묻거든 말하라. '그들을 위한 개선은 좋은 일이다. 만일 너희들이 그들과 섞인다면 그들은 너희들의 형제들이다.' …(제2장 220절)

알라께서 너희들에게 관리를 맡긴 너희들의 재산을 무능력자에게 주지 말라. 그것들 중에서 그들을 먹이고 입히며 품위 있는 말을 하라. / 결혼할 연령(혼기)에 이를 때까지 고아들을 보살펴라. 그들이 성숙했다고 판단되었을 때 그들의 재산을 그들에게 넘겨주라. 너희들은 그것(그들의 돈)을 함부로 먹지 말고 그들의 성장을 너무 서두르지 말라. 그가 부유하다면 절제하게 하고, 그가 가난하다면 품위 있게 먹게 하라. 만일 너희들이 그들에게 돈을 넘겨줄 때는 증인을 세우라. 계산하는 사람은 알라로 충분하다.(제4장 5-6절)

그가 성년이 될 때까지 더 좋은 방식이 아닌 경우 고아의 재산에 가까이 하지 말라. …(제6장 152절)

그가 성년이 될 때까지 더 좋은 방식이 아닌 경우 고아의 재산에 가까이 하지 말라. …(제17장 34절)

고아들에게 그들의 재산을 주라. 좋은 것을 나쁜 것으로 대체하지 말며, 그들의 재산을 너희들의 재산으로 먹지 말라. 그것은 큰 죄이다.(제4장 2절)

고아들의 재산을 부당하게 먹는 자들은 그들의 배에 불을 먹는 것으로 불에 탈 것이다.(제4장 10절)

그들이 여자들에 관해 너의 견해를 구할 것이니 말하라. '알라께서 그녀들에 관해 너희들에게 말씀을 줄 것이며, 너희들이 기록된 대로 그녀들에게 주지 않고 결혼하기를 원하는 고아 여성들과 약한 어린 아이들에 관해서는 성서에서 너희들에게 발표하셨다. 너희들은 고아들에게 공정하고 선하게 행해야 한다.' 실로 알라는 모든 것을 알고 계신다.(제4장 127절)

이상에서 코란에 나타난 가정생활 관련 규범절을 세분화해서 정리한 *Quranic Laws*의 내용들을 정리하면서 다음과 같은 특징들을 발견하였다. 첫째, 동일한 코란 절(아야)들이 다른 주제나 사안들에도 언급되고 있다는 점이다. 예를 들면 제4장 6절의 경우 성년과 고아 관련 주제에 등장하며, 제5장 5절의 경우는 결혼, 금지된 결혼, 혼례금 관련 주제에 동일하게 제시되고 있다. 세밀히 살펴보면 같은 구절이 여러 개의 주제에 동일하게 사용되는 것은 아니지만 하나의 절에 포함된 구절들이 상황과 내용에 따라 각기 다른 규범의 근거로 사용되고 있다는 것이다. 이렇게 된 이유는 예언자 무함마드가 활동했던 23년 동안 상황과 사안에 따라 간헐적으로 계시가 된 코란의 내용들이 여러 장들에 흩어져 놓이고 연대순으로 배열되지 않은 채 무함마드와 그의 추종자들이 읽은 대로 수집되었기 때문으로 보인다.[22]

114장에 달하는 코란의 장들은 각각의 명칭들을 가지고 있지만 장의 명칭들이 그 안에 포함되어 있는 내용이나 주제 모두와 유기적인 관계에 놓여 있는 것은 아니다. 가정생활과 관련된 코란 규범절로 가장 많이 제시되고 있는 제4장의 경우에도 장의 명칭은 '여성의 장'이지만 '무슬림 움마의 내외 안건에 대한 문제, 여성, 가정, 정부, 사회와 관련된 입법 문제, 여성 고아의 권리(상속, 혼인), 혼인 금지, 남편과 아내의 권리 등' 매우 다양한 주제들이 혼합되어 있다는 것을 알 수 있다.[23]

둘째, 코란에 언급된 가족생활 관련 규범절의 2/3정도가 메디나 계시에 포함되어 있다는 점이다. 코란은 메카에서 13년(610-622년), 메디나에서 10년(622-632년) 동안 총 23년 동안 계시되었다. 메카 시기에 코란은 이슬람의 기본 신앙을 강조할 목적으로 알라의 유일성, 무함마드의 예언자성, 마지막 심판과 같은 주제들을 반복하였다. 한편 메디나 시기에 무슬림들은 더 이상 박해 받는 소수가 아니었고 무함마드를 지도자로 세워 이슬람 공동체(움마)를 형성했다. 이런 이유로 코란은 혼인, 무역, 재정, 국제 관계, 전쟁과 평화 등과 같은 무슬림 공동체를 통치할 법들을 소개하기 시작하였다.[24] 이상의 이유로 인해 코란에 언급된 가정생활 관련 규범절이 메디나 계시에 많이 포함되었다고 할 수 있다.

3. 맺음말

이상에서 정리하였던 코란에 나타난 가정생활 관련 코란 구절들은 무슬림들의 가정생활을 규정하는 최고법의 권위가 있다. 이를 바탕으로 예언자의 하디스가 좀 더 구체적인 규범을 확립하였고, 9-10세기에 이르러 전 이슬람 세계에 걸쳐 활동했던 법학파들에 의해 국가, 사회, 가정에 적합한 법으로 정착하였다. 순니와 시아를 떠나 이들 법학파들의 제1법원은 코란이며, 코란의 내용이 명확할 경우는 그대로 따르고 불명확하거나 모호할 경우에는 샤리아의 제2법원인 예언자의 하디스를 따른다. 만일 하디스 또한 불명확하거나 모호할 경우에는 법학파들마다 우선 순위에 의한 법원들을 채택하게 된다.[25] 이렇듯 코란에 나타난 규범절이 국가와 사회를 통치하는 법의 근원이 된다는 점을 고려하면 코란 구절의 정확한 해석과 이해가 매우 중요하다는 것을 알 수 있다. 특정 사안에 대해 각 법학파들 간에는 서로 다른 견해가 존재하는데 이와 같은 견해 차이 또한 일부분은 코란 구절에 대한 해석과 이해의 차이에 기인한다고 할 수 있다.

이런 점에서 한국어로 번역된 코란들의 내용이 다르다는 점은 깊이 생각해 볼 필요가 있다. 한국어로 번역된 코란이 법적 효력이 없다고 하더라도 이들이 이슬람과 무슬림들을 이해하는 기초 자료가 된다는 점에서 독자가 어떤 코란을 보느냐에 따라 다른 이해와 견해를 가질 수 있다는 점이다. 최근 인터넷에는 '코란에서 가르치는 이슬람의 13 교리'라는 글이 떠돌고 있다. 그런데 여기의 3번째 항목에 '노예와 아내는 때려도 된다.'(제4장 34절)라고 단정적으로 제시되어 있다. 코란 제4장 34절은 이 글의 '결혼 생활과 목적'이란 주제에서 다루고 있는 부분이며 그 내용은 다음과 같다. "남자들은 여자들을 돌보는 이들이다. 왜냐하면 알라께서 그들 중 일부(여자들)보다 일부(남자들)를 더 선호했기 때문이다. 또한 그들이 돈을 쓰기 때문이다. 그러므로 올바른 여자들은 순종하며 남편이 부재 시에 알라께서 보호하는 것을 보호한다. 너희들이 그녀들의 비행이 두려운 경우에는 먼저 그녀들에게 충고하고 다음으로 그녀들을 침대에서 물리치며 마지막으로 그녀들을 때려 주어라. 만일 그녀들이 너희들에게 복종한다면 그녀들에 대한 어떤 수단을 찾지 말라. …" 이상의 코란 구절 한 부분에 "마지막으로 그녀들을 때려 주어라."라는 구절이 있는데, 전체적인 문맥을 무시한 채 그 부분만을 발췌하여 '코란에서 가르치는 이슬람의 13교리' 중 세 번째 항목에 '노예와 아내는 때려도 된다.'라고 제시하고 있다.

이상의 본문에서 언급하였듯이 여성이 남편의 말에 순종치 않으면 무조건 때리라는 뜻이 아니라, 먼저 충고를 하고 다음으로 잠자리를 멀리해도 순종치 않을 경우 마지막으로 자국이 남지 않을 정도로, 어디가 부러지거나 피가 나지 않도록 살짝 때려 주라는 의미이다. 이처럼 해석의 오류나 문맥을 무시한 부분적인 발췌는 무슬림들의 가정생활에 관한 규범을 이해하는 데 치명적인 오류를 가져올 수 있다는 점에서 타 문화를 언급할 때는 서로 도움이 되는 방향을 좀 더 신중히 모색할 필요가 있다.

예언자를 따라서

- 이슬람법원(法源) 하디스(Hadith)

박 현 도_ 명지대 중동문제연구소

* 이 글은 2015년 예술의 전당에서 개최한 〈제대로 읽는 세계의 고전 13〉 강좌 중 필자가 맡은 10 월 7일 제5강 〈하디스〉의 강의 원고를 수정 보완한 것이다.

1. 들어가며

코란, 합의(이즈마으, Ijma'), 유추(끼야스, Qiyas)와 함께 이슬람법의 4가지 법원(法源) 중 하나로, 코란 다음으로 두 번째 위치를 차지하는 하디스(hadith)는 예언자 무함마드의 말하고 행동하고, 말없이 인정한 것을 기록한 것으로 예언자 전승 내지 전통이라고 번역할 수 있다. 근대 서구 이슬람학(Islamwissenschaft)의 아버지로 불리는 유대계 헝가리 학자 골트치허(Ignác Goldziher, 1850-1921)가 1889년 그의 책 *Muhammedanische Studien*에서 법률 관련 하디스는 예언자가 한 말이 아니라 후대에 의도적으로 조작되었다고 한 이래[1] 하디스의 진위 여부는 여전히 학자들 간에 뜨거운 논란거리다. 샤흐트(Joseph Schacht, 1902-1969)는 우마이야조(Umayya조朝, 661-750) 시대에 발생한 각종 문제를 해결하기 위해 무함마드의 입을 빌어 하디스를 조작하면서 이슬람법이 형성되었다고 주장하였다.[2]

이와 같은 하디스 진위 논쟁은 오늘날 이슬람법 역사에 대한 객관적 사실 확립을 위한 학자들의 치열한 노력의 산물이지만, 이슬람 고전 시기에 이슬람법이 하디스라는 틀을 통해 이슬람법으로 소화한 데서 볼 수 있듯[3] 하디스가 오늘날 진위 여부에 대한 학문적 연구와 관계없이 이슬람법 형성에 지대한 영향을 미쳤다는 명백한 사실을 결코 경시해서는 안 된다. 어쩌면 이슬람 연구에 더 긴요한 것은 하디스 진위 논쟁보다 하디스가 무슬림 삶에 미친 영향력일 것이다. 과거에도 현재에도 코란과 더불어 하디스가 무슬림의 신앙생활을 인도하기 때문이다. 이 글은 이슬람 신앙 전통에서 중요한 위치를 차지하고 있는 하디스를 비무슬림 독자들이 보다 쉽게 이해할 수 있도록 풀이하고자 한다.

2. 하디스의 의미와 분류

하디스는 아랍어 명사로 우리가 하는 말(言)과 새롭다(新)는 두 가지 의미를 지니고 있다. 우리가 일상에서 하는 말은 말할 때마다 우리가 만드는 것이니까 엄밀히 말하면 새로운 것이다. 이슬람의 예언자 무함마드(Muhammad)가 632년 세상을 떠난 후 사람들이 예언자에 대해 말을 많이 하였기에 하디스는 처음에 예언자와 관련된 말을 지칭하는 용어로 쓰였다. 그러다 예언자와 예언자 동료의 말을 의미하더니 예언자의 말을 가리키는 용어로 정착하였다.[4]

하디스와 함께 자주 쓰는 말로 순나(Sunnah)가 있다. 순나는 이슬람 이전 시기에는 조상들의 관습을 의미하였다가 이슬람 시대에 들어와서는 예언자의 관습을 뜻하게 되었다. 하디스가 예언자의 말이라면,

순나는 예언자의 말과 행동을 의미한다. 그러나 시간이 흐르면서 이 두 용어의 차이는 무의미해졌고, 모두 예언자의 말과 행동을 뜻한다. 다만 엄격히 구분할 경우 순나는 하디스에 있는 이슬람법(法)이나 가치를 가리킨다. 하디스가 반드시 순나를 내포하는 것은 아니다.[5]

하디스는 이슬람에서 경전 코란 다음으로 중요한 문헌이다. 예언자의 언행, 예언자가 묵인한 내용이 무엇인지 고스란히 담고 있기 때문이다. 코란은 예언자 무함마드에게 내린 신의 계시인데, 언제 어디서 어떻게 그러한 계시가 내려왔는지 코란에 분명하게 드러나지 않는 경우가 많다. 이때 하디스는 코란 계시가 어떠한 상황에서 어떻게 무함마드에게 전해졌는지 알려 주는 경우가 적지 않다. 그래서 하디스가 없다면 코란은 쉽게 이해하기 어렵다. 코란은 텍스트(text)는 제공하지만 텍스트가 발화(發話)된 문맥, 즉 콘텍스트를 알려 주지 않기 때문이다. 그래서 피터스는 코란을 '문맥 없는 텍스트'(a text without context)라고 표현하였다.[6] 세예드 호세인 나스르의 말마따나 하디스가 없었다면 코란은 닫힌 책과 같아 상당히 많은 부분을 이해하기 어려웠을 것이다.[7]

하디스는 크게 예언자 하디스(al-hadith al-nabawi)와 성스러운 하디스(al-hadith al-qudsi) 둘로 나뉜다. 예언자 하디스는 이슬람의 예언자 무함마드가 한 말이나 행동, 또는 묵인한 것을 기록한 것으로, 주체가 예언자다. 반면 성스러운 하디스는 발화의 주어가 신이다. 예언자가 신께서 이런 말씀을 하셨다고 전하는 하디스다. 그래서 성스럽다는 수식어가 붙었다. 코란이 신의 말씀인 것을 고려하면, 성스러운 하디스도 코란에 포함되는 것이 마땅할 터인데, 예언자의 말을 통해 전해졌기에 코란에 포함되지 않았다. 다만 그 특수성을 존중하여 특별한 하디스로 분류하였다. 13세기에 이븐 아라비(1165-1240)가 101개의 성스러운 하디스를 그의 책 『미슈카트 알-안와르』(Mishkat al-Anwar)에 수록하였고, 그로부터 약 3세기 후 알리 알-까리(Ali al-Qari, 1065년 사망)가 성스러운 하디스 40개 선집(選集)을 엮었다.[8]

3. 하디스의 형식

하디스는 전승(이스나드, isnad)과 본문(마튼, matn)으로 나뉜다. 전승은 예언자의 말을 전달한 사람들의 명단이고, 본문은 예언자가 한 말의 내용이다. 다음 예를 보자.

> 전승) 압둘라 이븐 유수프가 우리들에게 말하길, 말릭이 사프완 이븐 술라임에게 들어 전하였고, 술라임은 아따 이븐 야사르에게서, 아따 이븐 야사르는 아부 사이드 알-쿠드리에게서, 아부 사이드 알-쿠드리는 하나님의 사도에게서 들었다. 하나님의 사도는 - 하나님의 평화가 그분께 깃들길 - 말씀하셨다.

본문) "금요일 목욕은 사춘기를 지난 모든 남성 무슬림에게 의무다."[9]

위 예문에서 전승은 하디스가 기록될 때 마지막으로 말한 사람으로부터 거슬러 올라간다. 즉, 예언자가 한 말을 직접 들은 사람으로부터 전해 들은 사람의 명단이다. 금요일 목욕이 모든 무슬림의 의무라고 하나님의 사도 무함마드가 한 말을 처음으로 직접 들은 사람은 아부 사이드 알-쿠드리다. 그가 전한 예언자의 말은 아따 이븐 야사르, 사프완 이븐 술라임, 말릭, 압둘라 이븐 유수프를 거쳐 사람들에게 전해져 기록되었다. 이렇게 예언자 무함마드의 말을 전한 전승이 하디스 구성의 첫 번째 요소요, 전승을 통해 기록된 예언자의 말 내용이 본문으로 두 번째 요소다.

그런데 본문은 예언자의 말만을 담고 있는 것은 아니다. 예언자의 행동에 대한 관찰기를 담고 있기도 하다.

전승) 우리들 ← 야으꿉 이븐 이브라힘 ← 야지드 이븐 하룬 ← 야흐야 ← 무함마드 븐 야흐야 이븐 합반 ← 삼촌 와시으 이븐 합반 ← 압둘라 이븐 우마르. 압둘라 이븐 우마르가 말하였다.

본문) "언젠가 우리 집 지붕에 올라갔을 때, 하나님의 사도께서 - 하나님의 평화가 그분께 깃들길 - 바이트 알-마끄디스(예루살렘) 쪽을 바라

보시며 벽돌 두 개 위에 앉으셔서 용변을 보고 계신 것을 보았다.[10]

이처럼 예언자가 직접 한 말뿐 아니라 예언자가 한 행동을 보고 전한 것도 하디스로 기록되었다. 직접 보거나 전해 들은 것을 다음과 같이 전하기도 한다.

전승) 압둘라 이븐 유수프 ← 말리크 ← 히샴 이븐 우르와 ← 그의 아버지 우르와 ← 신앙인의 어머니 아이샤.

본문) 알 하리스 이븐 히샴이 예언자께 다음과 같이 물었다. "하나님의 사도시여, 계시는 어떤 식으로 내립니까?" 하나님의 사도께서는 대답하셨다. "때때로 나에게 종이 울리는 소리처럼 전해진다. 내게 가장 자주 일어나는 일이다. 전한 내용을 내가 받아들이면 내게서 사라진다. 때로는 천사가 남자 모습으로 내 앞에 나타나서 말을 거는데, 나는 그가 말하는 것을 알아듣는다." 아이샤가 말했다. "나는 매우 추운 어느 날 천사가 그에게 계시를 내리고 떠나는 것을 보았다. 그때 그의 이마에서 땀이 줄줄 흘러 내렸다."[11]

예언자의 언행, 묵인만을 하디스로 인정하는 순니와 달리 시아는 예언자뿐 아니라 예언자 사후, 예언자의 후손으로 무슬림 공동체를 영적으로 이끈 이맘(Imam)의 언행까지도 하디스로 받아들인다. 시아파는 무함마드가 632년 죽기 전에 마지막으로 메카 순례를 마치고 메디나로 돌아오기 전 가디르 쿰(Ghadir Khumm)에서 사촌 동생이자 사위인 알리를 예언자의 후계자로 선언했다고 믿는다. 최후의 예언자가 무함마드이기에 더 이상 이슬람 세계에 예언자는 존재하지 않고, 예언자의 후계자는 무슬림 공동체를 이끌어 가는 지도자다. 시아파는 이 지도자를 이맘이라고 부른다. 순니파에서는 칼리파(Khalifah)라고 한다. 오늘날 시아파의 주류인 이란, 이라크는 12이맘 시아파로, 알리를 1대 이맘, 알리의 큰아들 하산을 2대 이맘, 둘째 아들 후세인을 3대 이맘, 후세인의 직계 후손을 4-12대 이맘으로 여기고 존경한다. 이들 이맘을 예언자, 예언자의 딸이자 1대 이맘 알리의 아내인 파티마와 함께 일체의 흠 없이 깨끗한 존재로 생각한다. 이들 이맘의 하디스까지 포함하기에 시아의 하디스 범위는 순니보다 더 넓다. 시아의 하디스 전승은 다음과 같이 이루어진다.

〈표1〉 시아 하디스 전승도[12]

1. 예언자 → 이맘 → 전승자
2. 이맘 → 이맘 → 전승자
3. 이맘 → 전승자

첫 번째는 예언자의 하디스가 이맘을 통해서 전승자에게 전해지는

것, 두 번째는 이맘의 하디스가 후대 이맘을 통해 전승자에게 이어지는 것, 세 번째는 이맘의 하디스가 추종자들에 의해 퍼지는 것을 각각 의미한다. 예언자 하디스(al-hadith al-nabawi)와 이맘 하디스(al-hadith al-walawi)가 구분된다.

그런데 위에 예로 든 하디스에서 쉽게 간과할 수 없는 사실이 하나 있다. 그것은 바로 전승의 중요성이다. 예언자의 말이나 행동을 전하는 전승자 명단은 본문의 진실성을 가리는 핵심적 요소였다. 무슨 말인고 하니, 무슬림들은 하디스의 진위를 전승자 명단을 보고 가늠하였다는 뜻이다. 무슬림들은 올바른 사람은 결코 거짓말을 하지 않는다는 믿음을 지녔다. 문서는 조작될 수 있어도 양심을 가진 사람이 거짓을 쉽게 말할 수는 없다는 신념이 있었기에 재판에서도 문서보다는 직접 증언만을 채택하였다. 이슬람 세계, 특히 순니 이슬람 세계에서 가장 인기 있는 하디스 모음집은 부카리의 하디스인데, 부카리는 약 60만 개의 하디스를 수집하여 그중 7,397개만 선택하였다고 한다.[13] 그렇다면 하디스의 신빙성을 어떻게 확보하였는지 좀 더 구체적으로 살펴보자.

4. 올바른 하디스를 찾아서

참된 하디스와 거짓된 하디스를 구별하기 위해 하디스 학자들은 전승 과정을 조사하였다. 부카리는 여러 도시를 여행하면서 천 명이 넘는 전승자들의 조력을 받았다고 한다. 무슬림들은 하디스의 진위를 가리기 위해 전승자들 면면을 조사하였다. 전승자가 믿을 만한지 여부를 가려 진실한 사람, 전승에 적합한 사람, 반대할 이유가 없는 사람, 문제가 있는 사람 등으로 분류하였고, 문제가 있는 사람은 신뢰도가 약함, 신뢰하는 것을 포기함, 거짓말쟁이라고 비난 받은 적 있음, 거짓말쟁이 등의 용어로 전승자의 신뢰도를 측정하였다. 전승자의 신뢰도는 하디스의 신빙성과 직결되었다. 전승자들의 관계도 면밀히 고찰하였는데, 만일 말을 전해 준 사람과 이를 받은 사람이 같은 시대, 같은 지역에 살지 않았을 경우, 이러한 전승자들이 들어 있는 하디스는 신뢰하지 않았다. 예언자에 대한 거짓말, 부주의하고 실수를 잘 하는 것으로 유명한 사람, 죄악을 저지르는 사람, 상상에 빠지거나 불가능한 일에 대해 떠벌리기 좋아하는 사람 등이 연관된 하디스는 신뢰 받지 못하였다.

〈표2〉 순니 하디스 주요 전승자와 전승 하디스 수[14]

1. 아부 후라이라	5,300
2. 이븐 우마르	2,600
3. 아나스 이븐 말릭	2,300
4. 아이샤	2,200
5. 이븐 압바스	1,700

당시 기준으로 엄밀한 심사를 통과한 하디스가 믿을 만한 것으로 선택되었는데, 순니 하디스의 경우 올바른 하디스로 판정 받으려면 다음과 같은 기준을 반드시 충족하여야만 하였다.[15]

첫째, 바르고 검증된 전승자 명단을 지닐 것.

둘째, 전승자들이 올바르고 존경받을 만한 사람일 것. 실없이 농담을 하거나 반사회적인 행위를 하는 사람과 어울리지 않고 죄를 짓지 않은 사람이어야 함.

셋째, 전승자들이 위조, 종파 분쟁, 정치 분쟁, 신학 논쟁에 연루되지 않아야 함. 특히 이들이 전하는 하디스가 위와 같은 분쟁과 관련된 경우에 더욱 그러함.

넷째, 하디스를 전하는 사람과 전해 받는 사람이 사제 관계여야 함.

다섯째, 전승자가 비상한 기억력을 지녀야 함.

여섯째, 전승자가 알려진 사람이어야 함.

일곱째, 하디스 본문이 세련된 예언자의 말투여야 함.

여덟째, 하디스 본문과 의미가 코란과 일치하여야 함.

아홉째, 하디스가 역사적 사실과 부합하여야 함.

열째, 하디스의 본문이 이성(理性)을 거슬러서는 안 됨.

이러한 기준에 비추어 10세기 초가 되면 믿을 만한 하디스에서 믿기에는 신빙성이 약한 하디스, 조작된 하디스 등 신뢰도가 8단계로 구분되기도 하였는데,[16] 보통 싸히흐(sahih, 온전한), 하산(hasan, 좋은), 다이프(daif, 약한), 마우두으(Mawdu', 조작된)로 나눈다.

시아 역시 순니와 비슷한 기준을 가지고 있다. 그런데 시아는 이맘의 흠 없는 성품을 믿기에 순니와 달리 예언자에게까지 직접 연결되는 전승자 명단에 집착하지 않는다. 다음은 시아의 하디스 분별법이다.

첫째, 바른 하디스는 전승 고리가 단절되지 않은 상태로 이맘에게까지 연결된 것.

둘째, 믿을 만한 하디스는 이맘과 함께 한 동료가 전승자 명단에 있고, 그가 수용할 만한 것이라고 명쾌하게 지지한 것.

셋째, 좋은 하디스는 전승자 명단에 성품이 올곧은 것으로 의심할 여지 없이 밝혀지지 않은 전승자가 있는 하디스.

넷째, 위 3가지 기준에 속하지 않은 하디스는 신뢰도가 약한 하디스.

5. 하디스의 내용

전술한 바와 같이 하디스는 예언자의 언행, 예언자가 묵인한 것을 담고 있다. 그렇다면 구체적으로 어떤 내용을 담고 있을까? 부카리의

하디스 모음집을 중심으로 분류하면 하디스가 다루는 내용은 다음과
같다.

1. 계시 2. 믿음 3. 지식 4. 우두(소세정) 5. 목욕(대세정) 6. 생리 7. 타얌
뭄[17] 8. 예배 9. 예배소 10. 예배 시간 11. 아잔[18] 12. 예배의 특징 13.
금요 예배 14. 두려움의 예배 15. 종교 축제 16. 위트르 예배 17. 강우
기도 18. 일식과 월식 19. 코란 낭송시 부복 20. 예배 단축 21. 야간예
배 22. 예배시 행위 23. 장례 24. 희사 25. 단식월 후 희사 26. 순례 27.
소순례 28. 순례를 종료하는 것이 금지된 무슬림 29. 순례 시 사냥하
면 받는 벌 30. 메디나 31. 단식 32. 단식 월 밤 예배 33. 모스크 가기
34. 판매와 무역 35. 선지불 후상품 인도 36. 고용 37. 빚 지급 38. 상
업 대리인 39. 농업 40. 관개 41. 대여 상환 동결 파산 42. 유실물 습득
43. 억압 44. 협력 45. 저당 46. 노예해방 47. 선물 48. 증인 49. 평화
50. 조건 51. 유언과 유서 52. 지하드 53. 오일조 54. 창조의 시작 55.
예언자 56. 예언자와 예언자 동료의 미덕 57. 예언자의 동료 58. 협조
자들의 미덕 59. 전쟁 60. 코란 해석 61. 코란의 미덕 62. 혼인 63. 이
혼 64. 가족 부양 65. 음식 66. 아끼까(신생아를 위한 희생제) 67. 사냥과 도
살 68. 희생제 69. 음료 70. 환자 71. 의학 72. 의복 73. 예절 74. 양해
를 구함 75. 청원 기도 76. 온유 77. 운명 78. 맹세 79. 지키지 못한 맹
세에 대한 속죄 80. 상속법 81. 형벌 82. 불신자와 배교자의 전쟁범죄

83. 위자료 84. 배교자 대하는 법 85. 강압에 의한 발언 86. 속임수 87. 꿈 해몽 88. 반란 89. 판단 90. 소망 91. 신뢰할 만한 사람이 주는 정보를 받아들이기 92. 코란과 순나의 가르침 준수 93. 하나님의 유일신성 (唯一神性)

6. 하디스 전승집

최초의 하디스는 예언자가 직접 구술한 포고문, 편지, 논술문에서 찾아 볼 수 있다. 예언자의 초창기 동료, 추종자, 후대 사람들의 '글 (sahifah 싸히파)'에도 예언자의 말이 기록되었다. 최초의 중요한 하디스 모음집은 말리크 이븐 아나스(Malik ibn Anas, 711-795)의 『알-무왓따』(al-Muwatta)다. 법학과 관련된 하디스를 다루고 있다. 아부 다우드 알-타얄리시(Abu Daud at-Tayalisi, 751-819) 같은 학자들이 쓴 『알-무스나드』(al-Musnad)라는 글도 하디스 모음집이다. 가장 유명한 것은 4대 순니 법학파 중 하나를 세운 아흐마드 이븐 한발(Ahmad ibn Hanbal, 855년 사망)의 『알-무스나드』다.

하디스는 9세기에 본격적으로 책으로 편찬되어 오늘날에 이르고 있다. 순니 이슬람 세계에서는 6개의 하디스 모음집을, 시아 이슬람 세계에서는 4개의 하디스 모음집을 각각 6서(六書), 4서(四書)로 부르면서 소중히 지켜 왔다. 순니에 비해 시아의 하디스 편찬 시기는 약 1세기 느린 10세기다. 예언자의 언행, 묵인만을 하디스로 인정하는 순니와 달리 시아는 예언자뿐 아니라 예언자를 이어 공동체를 영적으로 이끈 이맘의 언행까지도 하디스로 받아들이기에 순니보다 더 확장된 하디스 개념을 지니고 있다. 순니와 시아의 하디스는 다음과 같다.

순니의 육서: '6개의 올바른 책'(알-씨하흐 알-싯타 al-sihah al-sittah)으로 부른다.

① 아부 압둘라 알-부카리(al-Bukhari, 870년 사망): 자미으 알-싸히흐(Jami' al-Sahih). 약 7,397개 하디스.

② 아부 알-후사인 무슬림 이븐 핫자즈 이븐 무슬림 알-쿠샤이리 알-나이사부리(al-Naysaburi, 817-875. 보통 무슬림이라고 부름): 싸히흐(Sahih). 약 10,000개의 하디스.

③ 아부 다우드 알-시지스타니(al-Sijistani, 888년 사망): 수난(Sunan). 약 4,800개의 하디스.

④ 아부 압둘 라흐만 아흐마드 이븐 슈아이브 알-나사이(915년 사망): 수난(Sunan). 약 5,000개의 하디스

⑤ 아부 이사 알-티르미디(al-Tirmidhi, 825-892): 자미으(Jami')

⑥ 아부 압둘라 이븐 마자흐(Ibn Majah, 890년 사망): 수난(Sunan). 약 4,341개의 하디스.

시아의 사서: '4권의 책'(알-쿠툽 알-아르바아 al-Kutub al-Arba'ah)이라 부른다.

① 아부 자으파르 무함마드 이븐 야으꿉 알-쿨라이니(al-Kulayni, 939년 사망): 우쑬 알-카피(Usul al-Kafi, 종교 지식의 충족). 약 16,199개의 하디스.

② 무함마드 이븐 바부야 알-꿈미(al-Qummi, 991년 사망): 만 라 야흐두루 알-파끼흐(Man La Yahduruh al-Faqih, 법학자가 방문하지 않는 자). 약 5,963개의 하디스.

③ 무함마드 알-뚜시(al-Tusi, 1066/7년 사망): 키탑 알-이스티브싸르(Kitab al-Istibsar, 논란이 되는 전승 점검). 약 5,511개의 하디스.

④ 무함마드 알-뚜시(al-Tusi, 1066/7년 사망): 키탑 알-타흐딥(Kitab al-Tahdhib, 증명된 판결). 약 13,590개의 하디스.

7. 나가면서: 하디스의 중요성

세예드 호세인 나스르의 말마따나 하디스는 '이슬람 세계에 속하는 존재의 내외적 측면, 곧 행동과 사유, 다시 말해 인간 삶의 모든 것과 사유의 모든 면에 대한 말을 모아 놓은 것'으로,[19] 모든 무슬림에게 최상의 모범이 되는 예언자 무함마드의 모습을 여실히 보여준다. 세세한 일상부터 도덕적이고 영적인 가르침에 이르기까지 예언자 무함마드가 행하고 말하고 묵인한 것을 기록한 하디스는 가장 완벽한 성품을 갖추고, 돌 틈에 있는 보석과 같아 하나님의 피조물 중에서 가장 완벽하고, 최상의 완전한 인간으로, 하나님이 사랑하는 자 무함마드의 삶을 따라 살 수 있는 방법을 제시한다. 코란은 예언자 무함마드를 모방하여 따라야 할 전형(uswatun hasanatun)(코란 33:21)이라고 가르치는데, 하디스는 어떻게 사는 것이 예언자를 따라 사는 것인지 직접 보여주는 것이다.

하디스는 이처럼 예언자의 삶을 모방하는 법을 가르침으로써 이슬람법의 근간이 된다. 코란에서 언급하였지만 무슨 뜻인지 정확하게 그 뜻을 알기 어렵거나 보충이 필요한 구절의 의미를 명확히 드러낸다. 그래서 후대 무슬림들은 하디스를 코란에 이어 이슬람법의 두 번째 법원(法源)이라고 하였다. 예를 들어 이자(리바, riba)를 금지하는 이슬람법의 경우, 코란은 단순히 이자 놀이를 하지 말라고 하는데 반해 하디스에는 동일 물품을 교환할 때 양의 차이와 시간 차에 따라 이자가 발생한다고 하면서 그러한 물품으로 금, 은, 밀, 보리, 대추야자, 건포도를 제시한다. 유추를 통해 각 법학파는 동일 물건을 동일양으로 동시에 교환하여야 한다는 원칙을 확대하여 모든 음식물(샤피이, 한발리), 보관가능한 음식물(말리키), 무게나 양으로 재서 팔 수 있는 모든 물건(하나피)을 이자발생 관련 물품으로 정하였다.[20]

이처럼 이슬람 신앙 전통에서 하디스가 차지하는 권위는 확고하고 중요하다. 이를 무시한다는 것은 곧 이슬람 신앙을 파괴하는 것이다. 하디스 없이 코란을 올바르게 이해하기는 불가능하다. 반복, 생략, 암시가 잦기에 코란 계시는 하디스의 도움 없이 문맥을 파악하기 어렵다. 문맥 없는 코란에 문맥을 제공하기에 하디스 없는 코란은 굳게 닫혀 좀처럼 이해하기 어려운 계시서가 될 것이다. 지난 1400년 동안 무슬림이 지켜 온 유일신 신앙의 삶을 지탱해 온 것은 코란과 함께 하디스이니, 고전 중의 고전으로 평가해도 손색이 없다. 이슬람 학문의 꽃인 이슬람법 이해는 바로 코란과 함께 하디스에서 시작하기 때문이다.

이슬람 국가와 법

정 상 률 _ 명지대 중동문제연구소

1. 이슬람 국가란?

1) 이슬람 국가의 기원

이슬람 국가의 기원은 이슬람의 예언자 무함마드가 서기 622년 메디나에 처음으로 건설한 종교 공동체인 움마(Ummah) 또는 자마아(jama'ah)이다. 움마는 이슬람 역사 속에서 이맘제(Imam 制)국가, 칼리파제(Khalifah制) 국가로 불리다가 오늘날 국가론 논쟁 과정에서 형성된 '국가(state)' 개념을 빌려 와서 이슬람 국가(Islamic state, Is)로 불린다. 움마 또는 자마아는 '정치와 종교가 분리되지 않은 신정 체제(theocracy)'이며, 시대적 상황이 반영되어 오늘날 그 유형은 다양하게 나타나고 있다.

570년경 무함마드가 태어나던 당시 아라비아 지역은 미개 지역이었고, 지중해를 둘러싸고 페르시아 제국과 비잔틴 제국이 각축을 벌이고 있었으며, 아라비아반도 남부 지역의 비옥한 예멘(남부아라비아 왕국)을 제외한 아라비아반도 지역 대부분은 미개 종족이 살고 있는 황무지였고, 부족마다 자신들의 신을 모시는 불경(不敬)한 지역이었다. 야스립(Yathrib), 카이바르(Khaybar), 파다크(Fadak) 등 농경 지역에는 유대인이 살고 있었고, 시리아와 아비시니아(현재의 이디오피아 지역)에는 기독교가 전파되어 있었다. 메카, 메디나를 포함하는 히자즈(Hijaz) 지역과 현 사우디아라비아 왕가의 기반이 되는 아라비아반도 중북부 나즈드(Najd) 지역에는 오래전에 이주해 온 정착민과 유목민들이 거주하고 있었다.

아랍인들은 원래 비옥한 초승달 지역에서 농사를 짓던 사람들이었으나 일부 사람들이 메마르고 황량한 이 지역으로 이주해 와서 유목생활을 하였다. 또한 이들 중 일부는 오아시스에 정착해 농사를 지었고, 오아시스 정착민과 사막의 유목민은 서로 필요한 것을 제공하였다. 그 과정에서 유목 부족 간, 유목민과 정착민 간에 서로 협력하기도 하고 갈등을 겪기도 하였다. 특히 유목민들은 싸움에 능숙한 전사들이었으므로 정착민들을 정복하기도 하였다. 오아시스 정착 부족이나 유목 부족은 무루와(muruwah)라고 하는 사상을 발전시켰는데, 이는 부족 사회의 중요한 규범으로 발전하였다. 부족원과 타 부족에 대한 '관대함과 피의 보복 사상'은 부족의 존립을 위한 양대 행동 규범이었다. '관대함과 피의 보복 사상'은 특권엘리트주의나 혈통에 의한 상속주의를 배제하였고, 부족 간 혈맹주의, 여아 살해나 일부다처제, 저급하고 원시적인 부족신 사상 등이 있었을 뿐 종교는 발달하지 못하였다. 그러나 아랍인들은 영적인 생활을 하였고, 특정한 신을 모시고 예배를 드리는 성소가 있었는데, 그중에서도 바로 옆에 성스러운 샘 잠잠(zamzam)이 있는 메카의 카바가 중심적인 성소였다(유혜경 2001, 139-

140). 카바를 관리하는 꾸라이쉬 부족은 후발(Hubal)신(神)과 당시 아랍 최고신(最高神)인 알라(Allah)를 숭배하고 있었다. 무함마드가 622년에 메디나에서 이슬람을 창설하고 630년 메카의 카바를 점령하였을 때 제일 먼저 한 일은 후발신을 포함한 360여 가지 부족신을 우상이라는 이유로 파괴한 것이었다. 8세기 이븐 한발, 13세기 이븐 타이미야, 18세기 와합, 그리고 최근 자칭 이슬람 국가(Islamic State) 등 살라피(Salafi) 사상가 및 행동가도 '우상 파괴'를 명분으로 폭력을 정당화해 왔다. 유일신(唯一神)주의자인 살라피들이 가장 중요시하는 우상파괴 사상은 무함마드가 부족신을 파괴한 전통을 따르는 것이다.

이슬람 창시자 무함마드는 당시 '아랍 모든 부족의 최고 신'인 알라를 그리스도교의 하느님과 같은 전지전능한 유일신으로 믿었다. 무함마드는 이슬람을 창설함으로써 '부족 공동체를 종교 공동체'로 변화시킨, 즉 현대 정치학 용어로 말하면 체제 변동을 주도한 혁명가였다. 그러나 이 혁명은 단순히 정치체제만의 변동이 아니라 당시 아랍인들의 정신과 의식, 정치체제와 제도 및 정치 엘리트, 행동 규범과 생활 양식, 문화 등 아랍 사회의 총체적 대변동(大變動)을 가져온 혁명이었다. 그럼에도 불구하고 움마 공동체는 완전히 새로운 것만은 아니었다. 앞서 언급한 바와 같이 움마는 순례, 타와프(ṭawāf), 알라 숭배 사상, 최고 지도자 선출 방식 등 다양한 수준에서 이슬람 이전의 부족 전통을 계승하였고, 제한이 없던 부인의 수를 넷으로 제한하는 것과 같이 개혁적이었지만, 기존 가족 제도와 부족 제도를 거의 그대로 수용하였다. 이슬람이 수용하였다고는 할 수 없지만, 명예살인, 여성 할례 등 부족 사회의 악습은 이슬람 사회에 수용되어 오랜 기간 동안 지속되었고, 일부 지역에서는 오늘날까지도 남아 있다. 이슬람 창설 이후 건설된 여러 이슬람 제국들은 이슬람과 부족주의가 결합한 형태의 정치체제를 유지해 왔고, 이러한 정치체제는 근현대 중동 사회에도 상당 부분 남아 있다. IS도 이라크, 시리아 점령 지역에서 '부족 포럼'을 구성하여 부족원들을 포섭하고자 시도하고 있다.

오늘날 정치 이슬람(Political Islam) 세력들이 건설하고자 하는 이상국가인 '이슬람 국가'는 무함마드가 건설하고 정통 칼리파 시대 동안에 유지되었던 종교-정치 공동체(religious-political community)인 움마를 원형으로 하고 있으며, 우마이야 왕조, 압바스 왕조, 오스만 왕조의 정치체제는 움마의 변형이라고 할 수 있다. 오늘날 각각의 중동 국가나 정치 이슬람 단체가 처한 상황에 따라 여러 유형의 이슬람 국가가 존재할 수 있다. 예컨대 사우디아라비아는 이슬람원리주의, 즉 살라피주의에 속하는 와합 사상과 나즈드 지역에서 권력을 가지고 있던 사우드 가문이 연합하여 건설된 국가로, 일종의 이슬람 왕정 국가이다. 호메이니 정권 이후 이란의 정치체제는 시아 이슬람원리주의와 현대 민주주의 정치체제가 결합된 이슬람민주주의 또는 신정민주주의 국가다.

우선 이슬람 국가는 샤리아(Shariah)를 국가의 기본법으로 하고, 원래의 이슬람, 즉 움마에서 일탈한 세속적 이슬람 사회를 개혁하고 갱신하여, 원래의 순수했던 이슬람으로의 회귀를 지향하면서 새롭게 구성된 국가를 말한다. 오늘날 무슬림들이 인구의 절대다수를 차지하고 있는 중동의 무슬림 국가들(Muslim countries) 중에서 샤리아를 법원(法源), 즉 헌법과 모든 법 질서의 원칙으로 하고 있고, 샤리아가 정치·경제·사회적 활동의 전 영역을 규제하고 있는 국가는 '이슬람 국가'다. 알라(Allah)에 의해 예정된 종교적인(din) 국가(dawla = state), 즉 샤리아에 기반을 두고 종교적으로 규정된 정치 공동체(dunya = divinely ordained political community)가 이슬람 국가다. 이슬람 국가는 샤리아가 상부 구조의 중심을 구성하고, 나아가 무슬림들의 제(諸) 의식까지도 규정하는 국가다. 손호철 교수가 분류한 국가 개념을 원용한다면, 이슬람 사상가들은 동의하지 않을 것으로 판단되지만, 이슬람 국가도 국가 개념의 추상화 수준에 따라 '영토에 기초한 정치 공동체로서의 이슬람 국가' '구조로서의 이슬람 국가' '지배 블록으로서의 이슬람 국가' '사회관계로서의 이슬람 국가' '제도의 총체로서의 이슬람 국가' '국가 운영자 집단으로서의 이슬람 국가' 등 다양하게 개념을 정의할 수 있을 것이다.[1]

그러나 '이슬람 국가'의 개념은 아직도 모호하다. 왜냐하면 '국가' 개념의 다의성(多義性) 때문이기도 하고, 법원으로서 샤리아가 사회 구성원들에게 어떻게 해석되고 있고 어느 정도의 통제력을 가지고 있는가에 대해서 다양한 층위가 존재하고 있기 때문이다. 이슬람법학파에 따라, 시기에 따라, 당시의 정치 상황에 따라, 이성적 해석을 수용하는 '이즈티하드(ijtihad)의 문'의 개방 정도에 따라 코란, 하디스와 순나, 이즈마으(합의), 끼야스(유추)에 대한 해석과 적용은 다양한 형태로 나타날 수 있다. 사실, 중동의 무슬림 국가에서 샤리아의 통제력 수준은 국가 수만큼 다르고, 이슬람 국가 건설을 지향하고 있는 여러 정치 이슬람 단체들도 서로 이슬람 국가 유형에 대해 합의를 이루지 못하고 있다. 단지 '이슬람 국가 건설'을 목표로 설정하고 샤리아에 기초한 국가를 건설하겠다고 주장하고 있을 뿐이다. 다른 종교와 마찬가지로 이슬람도 역사적으로 다양성과 변화가 있었다. 이슬람의 변화와 지속성 및 정체성을 균형 있게 봄으로써 무슬림 정치(politics among Muslims)와 이슬람 국가의 다양성을 더 잘 이해할 수 있을 것이다. 이러한 시각에서 본다면, 이슬람 국가도 기본 유형이 있을 뿐 아니라 기본 유형에서 크게 벗어나지 않는 다양한 형태의 이슬람 국가가 존재할 수 있다는 것을 인식할 필요가 있다.

2) 무함마드 사후 근현대 칼리파제론

무함마드는 632년에 사망하고, 후계자로 아부 바크르(Abu Bakr)가 그의 정치적-종교적 권위를 계승하였다. 아부 바크르는 무함마드의 동료였고, 장인이었으며, 가장 충실한 무슬림이었다. 아부 바크르가 634년 사망한 후에는 우마르(Umar, 644년 사망), 우스만(Uthman ibn Affan, 656년 사망), 알리(Ali, 661년 사망)가 뒤를 이어 무함마드의 권위를 계승하였고 이슬람 대제국을 건설하였다. 올바로 인도되는 칼리파(Rightly-Guided Caliphs) 시대, 즉 정통(正統) 칼리파조(朝)로 명명되는 이 시기는 현대 정치 이슬람 세력이 '이슬람 황금기'라고 부르는 시기로서, '본래의 이슬람으로 돌아가자'는 주장은 바로 이 황금기의 이슬람 정치를 현대에 구현해 보자는 것이다. 정통 칼리파들은 무함마드의 예언자적 지위를 제외한 모든 권위를 계승하였다. 이슬람 국가의 원형을 이해하는 데 가장 우선적으로 해야 할 일은 이 시대 후계자 결정 방식을 이해하는 것이다.

아랍인 최초의 이슬람 공동체 지도자인 무함마드가 사망하자, 메카의 하심가와 메디나의 아랍 부족들 간 권력 경쟁이 발생하였다. 결국 양 세력의 합의로, 즉 이슬람 이전의 꾸라이쉬 부족의 민주적 방식에 의해 타임(Taym) 가문의 아부 바크르에게 칼리파직이 부여되었다. 아부 바크르는 '알라의 사도(使徒)의 후계자(Khalifat Rasul Allah)'로 불리게 되었으며, 여기에서 칼리파와 칼리파제라는 용어가 나왔다. 아부 바크르는 사망하기 전에 우마르를 후계자로 지명하였으나, 우마르는 자신의 후계자 선출 방식을 6인으로 구성된 위원회에서 호선하도록 하는 제도를 만들었다. 우마르가 사망하자 이 위원회는 메카의 주요 씨족원인 우스만을 칼리파로 선출하였다.

한편 무함마드가 사망하자, 메디나에서는 무함마드의 사촌이면서 무함마드의 딸 파티마와 혼인한 알리를 후계자로 추대하려는 소수파가 나타났다. 이 집단은 시아트 알리(Shiat Ali), 즉 '알리의 당'으로 알려져 있는데, 이들은 무함마드가 사망하기 전에 알리를 후계자로 지명하였다고 주장하고, 알리와 그 후계자들을 이맘(영적인 지도자)이라고 부르며 새로운 교리를 만들었다. 무함마드는 태어나기 전에 부친이 사망하고, 태어난 지 얼마 안 되어 모친과 조부가 사망하면서, 삼촌 아부 딸립 손에 자랐다. 알리는 아부 딸립의 아들이었으므로 무함마드와 알리는 사촌 간이었으나 당시 부족 사회의 전통으로 보아 친형제나 마찬가지였다. 무함마드는 아들이 없었으므로, 그가 사망하면서부터 후계자를 누구로 할 것인가에 대한 논쟁이 있었으나, 알리는 무함마드가 사망한 지 30년이 지나서야 4대 칼리파가 되었다. 알리가 정통 칼리파가 되면서 이슬람공동체 최초의 내란이 발생하였고, 결국 오늘날 양대 종파인 순니파와 시아파로 분리되었다. 아부 바크르 시대부터 알리 시대까지(632-661)를 정통 칼리파 시대라고 한다.

알리의 칼리파 임명 과정에서 알리 지지파와 무함마드의 세 번째 부인 아이샤[2] 일파 및 우마이야 가문 출신의 시리아 총독 무아위야 간에 내전이 발생하였다. 그리고 이 과정에서 시아파가 발생하였고,

카와리지파에 의한 알리 암살 사건 등 일련의 내분과 무아위야의 승리로 우마이야 왕조(661-750)가 성립하였다. 우마이야 왕조는 90년이라는 짧은 기간에 대제국을 건설하였으나 곧 패망하고 압바스 왕조(750-1258)가 성립하였다. 1258년 몽골에 의해 압바스 왕조가 무너지고, 1299년에 오스만 1세에 의해 투르크족 중심의 오스만 왕조가 성립되었다(1299-1922). 우마이야 왕조와 압바스 왕조, 오스만 왕조의 정치체제는 정통 칼리파 시대의 정치체제와는 다른 왕정이었다. 봉건제적 왕정과 이슬람이라는 종교 및 정치사상이 결합된 이슬람 왕정 국가였다. 오늘날 사우디아라비아의 정치체제와 유사하다. 정치 권력이 종교 권력을 통제하고, 권력이 혈통, 즉 아버지에서 아들로 이어지는 왕정이었다. 우마이야 칼리파 시기에 부족주의적 집단 감정이 되살아났고, 왕권 체제가 수립되었다. 압바스조 칼리파제에서 종교계의 권위자인 울라마(ulama)가 왕권에 대한 조력자로서 역할을 함으로써 그들의 권위가 향상되었다. 칼리파제는 압바스조의 수도인 바그다드가 몰락하는 1258년까지 지속되었고, 이집트의 맘룩조에 명목상 존재하게 되었으며, 오스만 투르크조에서 칼리파 칭호는 거의 사라졌다. 1924년 3월 아타투르크(Mustafa Kemal Atatürk)가 이슬람 칼리파제를 폐지하고 정교분리 원칙하에 공화정을 설립하면서 1400년 동안 지속되어 왔던 이슬람 칼리파제는 정지되었다(손주영, 1997, 26-29). 칼리파제 회복을 주장하는 사상가와 행동가는 지속적으로 나타났는데, 특히

19세기 말 아프가니(Jamal al-Din al-Afghani, 1838-1897)가 범(凡)이슬람주의를 주창하면서 칼리파제 수립의 중요성에 대한 자각이 새롭게 일어났다.

759년에 사망한 이븐 알-무깟파는 가장 초기의 이슬람 정치사상가로 보여지며(손주영 1997, 271)[3], 아부 유수프, 자히즈, 8-9세기의 이븐 한발(Ibn Hanbal, 780-855), 가잘리(al-Ghazali, 1058-1111), 이븐 칼둔(Ibn Khaldun 1332-1406), 10-11세기의 마와르디(al-Mawardi, 972-1058), 13-14세기 이븐 타이미야(Ibn Taymiyya, 1263-1328), 19세기의 무함마드 이븐 알리 알-사누시(Muhammad ibn Ali al-Sanusi, 1787-1859), 무함마드 아흐마드(Muhammad Ahmad, 1844-1885), 아프가니 등이 대표적인 중동의 현대 이전 이슬람 정치사상가들이다. 이븐 한발의 한발리 사상, 마와르디의 술탄제론(이맘제론, 칼리파제론),[4] 와합(Muhammad ibn Abd al-Wahhab, 1703-1792)의 와하비 운동, 리비아의 사누시의 사누시야 운동, 수단의 무함마드 아흐마드의 마흐디야 운동이 모두 칼리파제 정치체제 구축을 목표로 하고 있다.

3) 근현대의 이슬람 국가론

중동의 근현대 시기에도 일부 이슬람 사상가들은 오래전부터 자신이 살고 있던 당시의 이슬람 사회가 세속화되고 타락하였다고 판단하고 '본래의 이슬람으로 돌아가자'라는 이슬람 부흥 운동을 주장하였다. 대부분의 이슬람 부흥 운동가들은 무함마드가 건설했던 초기의 움마 공동체, 즉 샤리아(이슬람법)에 기초한 칼리파제를 이상적 공동체로 상정하고 있는 듯하다. 살라피 사상에 기초하여 이슬람 국가를 건설하려고 하는 이슬람 (정치)사상가 및 행동가들은 무함마드 사후 이슬람 대제국을 건설한 정통 칼리파 시대(632-661)를 '칼리파 황금시대'로 간주하고 '올바로 인도되는 칼리프'에 의한 통치체제, 즉 칼리파제(이맘제)를 이상향으로 하는 이슬람 국가 건설을 설계해 왔다. 이 공동체는 모든 무슬림들이 움마라 불리는 '믿는 자들의 단일 공동체의 구성원'이고, 아사비야(asabiyyah)라고 불리는 공동의 연대감을 공유하며, 단일 칼리프가 통치하는 체제이다.

정치와 종교가 분리되어 있지 않은 종교 공동체인 칼리파제는 현대 언어로는 이슬람 국가를 의미한다. 중동 지역이 서구의 침탈을 받게 되는 근현대에 들어서서 이슬람 사상 운동은 식민지 제국주의에 대해서는 해방 투쟁 사상, 타락한 정권에 대해서는 정치 투쟁 사상과 각각 결합하여 무장 독립 투쟁, 폭력에 의한 정부 전복 투쟁으로 발전하였다.

아프가니, 무함마드 압두(Muḥammad 'Abduh, 1849-1905), 라쉬드 리다(Muhammad Rashid Rida, 1865-1935)가 잡지 「알-마나르(등대)」를 발간하면서 벌인 살라피 운동, 하산 알-반나(Hasan al-Banna, 1906-1949)의 무슬림형제단 운동, 사이드 꾸뜹(Said Qutb, 1906-1966)의 폭력적 살라피 운동, 마우두

디의 자마아테 이슬라미(Jamaat-e-Islami) 운동 등은 서로 주장하는 내용
이 일부 다르다 할지라도 살라프, 즉 '믿음의 선조'의 관행을 따를 것
을 주장하는 살라피주의 또는 살라피 지하드주의(Salafi Jihadism)로서 '종
교(이슬람)의 정치화', '정치 이슬람' 현상을 초래하였다.

이슬람 칼리파제는 오스만 제국이 붕괴된 1924년에 최종적으로 폐
지되었고, 지역 유력자들이 현재의 아랍 국가들을 건설하여 통치자,
즉 아미르(국왕)가 되었다. 1924년에 무함마드의 후손인 메카의 후세
인(Sherif Hussein bin Ali)이 자신을 모든 무슬림의 칼리파라고 선언하였으
나, 사우디아라비아 설립자인 사우드 가문에게 패배함으로써 칼리파
자격을 상실하였다. 1924년 이후 칼리파가 존재하지 않는 상황에서
1927년 이집트에서 건설된 무슬림형제단 이후 여러 정치 이슬람 세
력들은 칼리파제 복원이나 칼리파제 국가 건설을 꿈꾸어 왔다.

가장 최근에 인구에 회자되고 있는 알-카에다를 조직한 오사마 빈
라덴(Osama bin Laden, 1957-2011)과 자와히리(Ayman Al-Zawahiri), 알-카에다
의 오사마 빈 라덴에게 충성 맹세를 하였으나 후에 독립적으로 활동
한 자르까위(Abu Musab al-Zarqawi), 이라크이슬람 국가(ISI, 2006.10-2013.4)
를 조직한 자르까위의 후계자 아부 오마르 알-바그다디(Abu Omar al-
Baghdadi), 역시 자르까위의 후계자이자 ISIS/ISIL의 지도자인 마스리
(Abu Ayyub al-Masri), 알-라쉬드 알-바그다디(Abu Abdullah al-Rashid al-Baghdadi,
?-2010.8), 2014년 6월 29일 ISIS/ISIL를 IS로 명칭을 변경하고 자신을

칼리파로 선언한 아부 바크르 알-바그다디(Amirul-Mu'minin Abu bakr al-Husayni al-Qurashi al-Baghdadi, 이하 바그다디)는 이슬람 정치사상가라기보다는 이슬람 국가 창설을 목표로 하는 정치 이슬람 그룹의 지도자들이다. 많은 사상가, 운동가들이 이슬람 내부의 타락, 그리스도교의 침투와 서구식 근대화에 대한 대응으로 이슬람 부흥 운동을 전개하였다. 1960년대 남미의 학자들이 남미에서 서구식 근대화론이 실패하였다고 판단하고 종속이론을 주장한 것과 마찬가지로 이슬람 학자들이나 운동가들이 이슬람식 근대화를 주장한 것은 지극히 당연한 것이었다. 왜냐하면 서구 제국주의를 경험하였고, 서구식 근대화론 또는 발전론이 이들 지역에서 적실성이 없다고 이해하였기 때문이다.

오랜 기간 이민족 오스만 투르크의 식민 통치를 경험하였고, 문예부흥, 지리상 발견, 산업혁명과 기술혁명을 통해 근대화된 서구 식민 제국주의 세력이 중동 이슬람 사회로 침투해 들어와 분할 통치를 하면서 중동 아랍 무슬림들은 매우 절망적인 상황에 처해 있었다. 오스만 투르크 제국 및 서구 제국으로부터 독립하는 과정에서, 그리고 현재와 같은 분열된 국민국가로 독립한 후에 중동은 다양한 사상 및 근대화 전략의 시험장이었다. 이러한 다양한 사상과 근대화 전략의 목표는 중동 아랍 이슬람 사회의 부흥이었다. 세속적인 국민국가의 근대화를 추진한 자본주의 세력, 아랍 민족주의나 아랍 사회주의 세력도 넓은 의미로 보면 이슬람 부흥 운동에 포함된다. 중동 전문가들은 일반적으로 이슬람 부흥 운동 세력을 이슬람 전통주의 세력, 서구의 발전을 모방하려는 근대화 세력, 샤리아에 기초한 이슬람 국가 건설에 그 목표를 두고 있는 정치 이슬람 세력, 또는 이슬람주의(Islamism) 세력, 이슬람 근본주의 세력으로 분류한다.

이슬람 부흥 운동 세력 가운데 세속적인 민족주의나 사회주의, 국민국가에 반대하고 샤리아에 기초한 움마 공동체, 즉 이슬람 국가 건설을 목표로 하는 이슬람 근본주의 세력이 빠른 속도로 확산된 것은 1979년 이란의 호메이니가 최초로 이슬람 혁명에 성공하면서부터다. 당시 팔레비 왕조의 이란은 급격한 서구식 근대화를 추진하면서 이슬람적 요소들이 점점 사라지고, 세속화가 가속화되고 있었고, 빈부 격차 등 근대화의 역기능이 팽배하였다. 또한 중동 아랍 이슬람 사회는 4차에 걸친 중동전쟁에서 미국 등 서구의 지원을 받는 이스라엘에 패배함으로써 열등감이 팽배하였다. 이런 때에 이란 호메이니의 이슬람 혁명 사상은 아랍 민중들에게는 메시아적 사상으로 받아들여졌다. 팔레스타인의 하마스, 지하드, 레바논의 헤즈볼라 등 정치 이슬람 세력이 테러 등 과격한 노선을 택하기 시작한 것에는 팔레스타인해방기구(PLO)의 온건화, 이스라엘의 무자비한 탄압, 미국 등 서구 세력의 편향되고 이중적인 중동 정책, 미군의 이슬람 성지 메카와 메디나 주둔, 집권 세력의 부패와 세속화 등 다양한 원인이 작용하였다.

2. 이슬람 정치사상가들의 이슬람 국가론

1) 이븐 한발의 칼리파제론

아랍계 샤이반(Shayban) 부족 출신으로 바그다드에서 출생한 이븐 한발은 그의 스승인 샤피이(al-Shafi'i)의 법학 이론을 전수받았지만, 샤피이와는 다르게 독자적인 법학 이론을 발전시켰다. 한발에 의해 창설된 이슬람 4대 법학파 중 하나인 한발리 학파는 가장 보수적이고 완고한 학파로 알려져 있다. 한발리 학파는 코란과 예언자의 관행, 즉 순나(Sunnah)에 전적으로 의존하여 인간 이성을 사용하는 법리적 해석에 배타적인 입장을 보인다. 이븐 한발은 코란의 창조성이 통용되던 압바스조 칼리파 알-마문(al-Mamun) 시대에 코란의 영원성을 주장하며 반발하다가 2년간의 옥고를 치렀다. 16세기에 한발리 학파는 하나피 학파를 공식 교의로 받아들인 오스만 투르크 제국 치하에서 극심하게 배척되었다. 그러나 18세기에 들어 아라비아에 보수적인 와하비주의가 등장하면서 다시 부흥기를 맞았다. 특히 아라비아 반도의 중북부 지역을 장악한 사우드 가문이 한발리파의 철저한 추종자가 되면서 이 학파는 아라비아 중부 지방에서 크게 번성하였다. 그 결과 오늘날 이슬람 원리주의 운동의 이론적 토대가 되고 있다.

2) 알-마와르디의 이맘제론[5]

알-마와르디의 이맘제론(칼리파제론)은 『알-아흐캄 알-술타니야(al-Ahkam al-Sultaniyyah)』(이하 『알-아흐캄』)에 상술되어 있다.[6] 알-마와르디는 『알-아흐캄』 외에 『아답 알-둔야 와 알-딘』(adab al-Dunya wa al-Din), 『까와닌 알-위자라』(Qawanin al-Wizara), 타스힐 알-나다르 와 타질 알-다파르(Tashil al-Nadhar wa Ta'jil al-Dafar, Facilitating Administration and Accelerating Victory, 행정 촉진과 승리 가속화하기), 『나시하트 알-물룩』(Nasihat al-Muluk) 등의 저술이 있다.[7] 『알-아흐캄』이 저술되던 시기인 10-11세기는 압바스조 제26대 칼리파인 알-까디르(al-Qadir, 991-1031 재위)와 제27대 칼리파 알-까임(al-Qaim, 1031-1075 재위) 통치 시기로, 유럽과 중동 모두 근대 국민국가가 형성되기 이전의 중세 시기였고, 주권적 근대 영토 국가 체계에 대한 정치사상이 싹트기 이전이었다. 까디(판사)이자 4대 이슬람법학파 중 샤피이 학파 법학자로서 이슬람법 해설서를 저술하는 등 활발한 활동을 하던 시기에 알-마와르디가 확립하고자 했던 이맘제는 근대의 주권적 영토 국가 체계가 아니라 이슬람 봉건제 국가였다.[8] 알-마와르디는 『알-아흐캄』 서문에서 다음과 같이 언급하고 있다.[9]

알라에 의해 한 명의 움마 지도자가 대리자로 임명되었으며, 그 움마 지도자는 예언자 지위의 계승자이고 국가 업무를 완수해야 한다. 알라는 그에게 정치적 경영(political management) 업무를 양도하여 업무가 정당한 종교(이슬람)로부터 발전하고, 말도 만장일치에 따르며 모든 사람이 수용하도록 해야 한다. 따라서 이맘제(Imamate)는 국가 설립 근거의 기본 원리이고 이맘제로 인해서 움마의 공공이익이 유지되고, 이맘제에 의해 공공 이익의 문제를 잘 배열하는 것은 일반적으로 업무의 안정성을 확보해 준다. 이맘제에 의해 다른 특별한 또는 분화된 행정이 발생한다. 그러므로 다른 어떠한 통치법(rule of governance) 이전에 이맘제 통치법(rules governing Imamate)을 제시하는 것이 필요하고, 무엇이 이 법규들을 시험하는 데 특히 적합한지를 언급하는 것이 필요하다.

알-마와르디는 『알-아흐캄』의 서문에서 이 저술의 주요 내용이 주권재신, 신으로부터 대리권을 위임 받은 움마 지도자(무함마드)와 그의 예언자적 지위, 이맘제 국가의 창설과 대리자의 통치권, 이맘제 국가의 통치법과 행정 등임을 언급하고 있다. 압바스조 말기에 칼리파제가 유명무실할 정도로 거의 붕괴된 상태에 있었기 때문에 알-마와르디는 『알-아흐캄』을 통해 칼리파제를 재건하고 이맘(칼리파)의 권위를 회복하고자 했다.

압바스 제23대 칼리파 알-무스타크피(al-Mustakfi, 944-946 재위)가 945년에 그의 투르크 용병 근위대의 폭압으로부터 자신을 구하기 위해 카스피해 남부의 북이란 지역에서 발흥한 부와이흐조(Buwayh, 바그다드 점령 945-1055)의 아미르(amir)인 아흐마드에게 도움을 요청하면서 칼리파의 권위는 땅에 떨어지고 있었다. 시아의 12이맘파를 신봉하는 아흐마드는 압바스 칼리파의 후견인으로서 순니 칼리파제를 자신의 보호 아래 두었고, 금요 예배 시 칼리파의 이름과 자신의 이름을 같이 언급하게 하였으며, 동전에 자신의 이름을 새겨 넣음으로써 칼리파의 권위는 명목상으로만 존재하였다.[10] 이러한 시대적 상황에서 까디이자 이슬람 정치사상가였던 알-마와르디는 이맘이 될 수 있는 자격과 이맘 선출 방식 및 이맘 계승 방식, 이맘의 업무를 상세하게 언급함으로써 이맘제를 재건하고 이맘의 권위를 확립하고자 『알-아흐캄』을 저술하였다. 알-마와르디가 구상하였던 정치체제는 권력이 이맘에 집중되어 있는 이맘제, 즉 신정 체제임에 틀림없다.

『알-아흐캄』에 기초하여 알-마와르디의 칼리파제론을 연구한 대표적인 학자는 깁(Gibb) 교수와 로젠탈 교수다. 깁은 플라톤의 『공화국』(Republic)이나 모어(Thomas More)의 『유토피아』(Utopia)와 같이 알-마와르디도 『알-아흐캄』에서 이슬람을 기본 원리로 하는 이상국가, 즉 이상적인 칼리파제 국가(Caliphate state), 이슬람 국가(Islamic state)를 그린 것이라고 주장하였다.[11] 특히 로젠탈 교수는 알-마와르디의 칼리파 이론을 '권력 찬탈을 합법화함으로써만 종결될 수 있는 현존하는 정치적 긴급성에 적합하도록 만들어진 것'이라고 비판적으로 분석하였다.[12]

3) 와합의 칼리파제론

1932년에 설립된 사우디아라비아는 와하비주의(Wahhabism)를 국가 이념으로 채택하여 오늘에까지 이르고 있는 이슬람 국가(Islamic state, 이하 IS)이다. 사우디아라비아는 건국 이후 60년이 지난 1992년이 되어서야 '통치기본법(Basic Law of Government)'을 제정하였는데, 이 법은 사우디아라비아를 이슬람 국가로 규정하였고, 이슬람 성지인 메카와 메디나를 관리하는 국가임을 명백하게 밝히고 있다.

유럽의 사상과 새로운 문물이 이슬람 세계로 유입되면서 19세기에서 20세기 초까지 거의 모든 무슬림 사회는 유럽 열강의 정치적, 경제적, 군사적 지배하에 놓이게 되었다. 중세에 유럽에 비해 월등한 힘을 가지고 있던 이슬람 세계가 서구의 식민지가 되고, 서구의 법과 제도, 사상, 종교(그리스도교)가 이슬람 사회에 침투해 들어와 빠른 속도로 서구화되기 시작하였다. 이러한 현상에 대해 일부 무슬림 종교 지도자들과 학자들은 '이슬람으로부터 일탈'에 그 원인이 있다고 주장하고 '순수한 이슬람' 또는 '원래의 이슬람'으로 복귀하자고 주장하면서, 이를 위해 코란과 순나의 문자적 해석을 강조하기 시작하였다. 와합은 이러한 이슬람 개혁 운동가 중의 한 사람으로서 사우디아라비아의 종교 사상 및 국가 이념의 기초를 놓은 법학자였다. 살라피로서 그의 사상은 4대 법학파 중 8세기의 한발리 학파를 계승하였고, 13세기 '이븐 타이미야(1263-1328)의 개혁 정신을 이어 받아 18세기 중엽에 아라비아 반도에서 '와하비 운동(Wahabiyyah)'을 일으켰다. 그의 살라피 개혁 운동이 근현대에 끼친 영향은 크다고 하지 않을 수 없다.

와하비 운동은 '종교 정화주의'로 특징 지워진다. 즉, 예언자 무함마드와 그의 동료들이 살았던 7세기의 이슬람 교리만을 순수하고 온전한 이슬람으로 여기고, 그 이후 시대의 관행들은 정통에서 벗어난 것으로 간주하였다. 와합이 활동했던 시기는 서구가 침투해 들어오는 중동의 급변 시기였고, 그 영향으로 성인 숭배, 죽은 자를 신성시하거나 성묘(聖廟)를 짓고 기도와 예물을 바치는 등 쉬르크(shirk, 다신교적 행위)가 유행했으며, 이슬람이 부패했던 시기였다. 시아파 무슬림과 시아파 교리도 확대되고 있었다. 이러한 배경에서 와합은 다신교 신자들을 적으로 간주하고 '죽이라'고까지 설교하였다.[13]

와합이 주장한 주요 교리 내용으로 보아 와하비 운동은 살라피 운동의 일종임을 알 수 있다. 와합은 유일신 사상, 중재 사상, 성인 무덤 숭배 배제 사상, 다신주의자들에 대한 지하드 사상, 비드아(bid'ah) 배제 사상, 이즈티하드와 타끌리드(taqlid) 사상 등을 역설하였다.

유일신관(타우히드)은 와합 사상에서 가장 중요하게 간주되는 사상이다. 와합의 '유일신관'은 '라 일라하 일랄라'로 잘 표현되는데, 이는 '알라 이외의 신의 권리와 숭배 받을 권리를 부정하고 절대적인 알라의 신권만을 받아들인다는 것'으로 해석된다. 타우히드 사상은 '알라

행위의 유일성', '숭배, 기도, 감사, 의지의 대상으로서의 알라의 유일성', '인간과 비교할 수 없는 알라의 속성으로서의 유일성'으로 요약할 수 있다.[14] 중재 사상의 핵심 내용은 심판의 날에 행해질 사도 무함마드의 중재를 믿고, 다신교도들을 위한 중재를 부정하는 것이었다. 와합은 알라의 사도인 무함마드 이외의 성자들의 중재를 부정하였다. 이와 함께 와합은 여러 지역을 여행하면서 목격했던 가장 큰 죄악인 비드아, 즉 '조상이나 성인들의 무덤의 성역화 및 숭배, 돌과 나무에 대한 숭배'를 지하드의 대상으로 삼았다. 비드아는 '사도 무함마드의 종교에 새롭게 첨가되는 모든 것,' 즉 '코란이나 순나에서 그 근원을 찾을 수 없는 것으로서 사도 무함마드와 그의 교우들의 가르침으로부터 그 합리적인 근거가 전해 내려오지 않는 것', '무함마드의 교우들이나 그 다음 세대의 생활 속에 존재하진 않았으나 그 후대의 사람들에 의하여 새롭게 도입된 것'을 의미한다. 와합이 볼 때, 와합이 활동하던 당시의 아라비아 반도, 특히 나즈드 지역 대부분의 거주민들은 악마의 유혹에 빠져 있었고, 성인과 그들의 무덤을 숭배하거나 성인들에게 불행으로부터 자신들을 구해 달라고 요청했으며, 돌이나 나무 같은 것들이 자신들에게 이익이나 손해를 가져다 줄 것으로 믿었다. 악마가 그들의 마음을 사로잡았고, 그 정도가 자힐리야 시대의 사람들을 능가하였다.[15] 와합은 이슬람 사도 무함마드의 무덤 방문과 그곳에서의 예배를 합법적인 것으로 간주하였고, 하람 사원, 사도의 사원, 아끄사 사원의 방문은 허용하였다. 그러나 다른 무슬림 성인 무덤에 축조물을 세우는 것에 반대하여 우야이나(Uyaina), 카르발라(Karbala), 메카(1803)와 메디나(1805)에서 여러 성인 무덤의 돔들을 직접 허물어 버렸다. 와합은 무함마드의 종교에 새롭게 추가되는 모든 것을 제거하고, 코란과 오염되지 않은 순나로 회귀, 이슬람의 순화(purification of Islam)를 주장하였다.[16] 또한 와합은 불신앙에 대한 투쟁을 지하드로 해석하였고, 타끌리드를 반대하는 대신에 이즈티하드를 수용하였다. 와합은 와하비즘과 전통적인 유목민 부족원으로 구성된 와하비 종교 군대(religious militia) 이크완(Ikhwan)을 통해 사우드 가문이 아라비아 부족들을 통합하는 데 결정적으로 기여하였다. 1924년 폐지된 칼리파제가 와하비주의를 국가 이념으로 하는 사우디아라비아라는 국가로 재탄생한 것이다.

사우디아라비아의 근대국가 수립 과정은 세 시기로 나누어 이해해야 하는데, 제1차 사우디 왕국(1745-1811 또는 1744-1818)은 디리야(Diriyyah)의 아미르였던 무함마드 이븐 사우드(Muhammad ibn Saud, 1726-1765)가 와하비 운동을 벌이고 있던 한발리 학파의 종교 지도자 와합을 만나 동맹을 맺고 소위 살라피 국가를 건설하기로 의기투합함으로써 설립되었다. 와합이 우야이나에서 추방되어 새로운 보호자를 찾고 있었고, 이븐 사우드는 부족의 아미르와 자신의 부친 모두와 갈등을 빚고 있을 때인 1744년에 두 사람이 만나 동맹을 맺었다. 이 동맹에서 이븐 사우드는 "이 오아시스는 당신의 것이므로 적을 두려워하지 말라. 만약 당신을 쫓아내기 위해 모든 나즈드인들이 소집된다 해도 우리는 당신을 추방하자는 데 동의하지 않을 것이다."라고 말하면서 동맹을 제안하였다. 이에 대해 와합은 "당신은 정착지의 지배자(수장)이고 현명한 사람이다. 당신이 무신론자들에 대한 지하드를 이행하겠다는 맹세를 나에게 해 주길 원한다. 그 보답으로 당신은 무슬림 공동체의 지도자인 이맘이 될 것이고, 나는 종교 지도자가 될 것이다."라고 응답하였다.[17] 정교(政敎)동맹을 통해 와하비주의가 사우디아라비아의 국가 이념으로 수용되는 순간이었다.

4) 압두, 리다, 반나, 꾸뜹의 이슬람개혁주의

(1) 무함마드 압두(Muhammad Abduh, 1849-1905)

근대 이슬람 개혁주의 사상가인 압두는 제자인 라쉬드 리다와 함께 살라피야 운동을 체계화한 이슬람 사상가이다. 1849년 이집트의 가난한 소작농 가정에서 태어난 압두는 수피 성인(聖人) 사이드 아흐마드 알 바다위(Sayyid Ahmad al-Badawi) 사원에서 이슬람을 공부하면서 수피 신비주의에 빠졌고, 명상과 금욕주의를 실천하는 신앙생활을 하였다. 1866년에는 카이로에 있는 아즈하르 대학에 입학하여 정통 울라마로부터 이슬람법과 종교학을 배웠다. 후일 이집트의 수상이 되는 사이드 자글룰(Said Zaghlul)과 함께 아프가니의 제자가 되어 서구 사상과 과학을 배웠다. 압두는 이슬람 세계가 유럽 침략에 맞서 싸워야 하고, 국적에 관계없이 모든 무슬림들은 한 공동체의 일원임을 강조하였다.

아즈하르 대학 졸업 후 1878년부터 카이로 대학교의 전신인 신생 다르 알 울룸(Dar al-Ulum) 대학에서 강의를 시작하였으나 다음 해에 면직 당하였다. 1882년 아프가니와 함께 영국군에 대항하는 우라비 혁명에 가담하였다가 체포되어 파리로 추방 당하였다. 1888년 이집트로 돌아왔고, 1899년에 이집트의 대(大)무프티(Grand Mufti)로 임명되었다. 그는 이집트의 봉건적인 법체계를 변화시키고, 교육의 개혁에 힘쓰다가 1905년 6월 사망하였다.

압두는 전통 이슬람 세계도 과학적이었다고 분석하고 '종교와 과학은 이슬람의 기반'이라고 주장함으로써 이슬람 근대화 이론을 세웠다. 압두는 예언자 무함마드 시대와 정통 칼리파 시대를 진정한 이상적 이슬람 시대로 보았기 때문에 당시 이슬람 세계의 후진성과 사회적 문제들에 대한 해결책은 이슬람의 근본 원칙의 회복으로부터 시작해야 한다고 강조하였다. 압두는 이슬람 사회의 개혁이 이슬람에 대한 재해석(코란 재해석)과 국가의 교육 및 사회 개혁 의지에 달려 있다고 판단하고 종교와 교육 및 사회 개혁에 눈을 돌렸다. 그의 이슬람 개혁주의 운동이 이슬람 원리 회복에 근거하고 있고, 무슬림형제단 설립자 반나 등 개혁주의자들에게 많은 영향을 미쳤다는 점에서 칼리파제 공동체 수립을 지향했을 것으로 판단된다.

(2) 라쉬드 리다(Rashid Rida, 1865.9.23.-1935.8.22)

1865년 시리아 다마스쿠스에서 출생한 리다는 스승 무함마드 압두와 함께 출간했던 잡지 「알-미나르(Al-Manar, 등대)」에 무함마드 압두의 사상과 개혁적인 이슬람법 해석을 발표했고, 결국 '압두의 대변자'라는 호칭을 얻었다. 라쉬드 리다는 이슬람 세계의 쇠퇴 원인을 진정한 이슬람으로부터 일탈한 데에 있다고 보고 초기 이슬람 시대에서 그 해답을 찾고자 하였다. 와하비주의 찬양자였던 그는 이슬람 세계가 서구에 대항해 승리할 수 있는 방법은 오로지 이슬람의 원리, 즉 코란과 순나로 돌아가는 길뿐이라고 주장하였다. 라쉬드 리다는 다른 이슬람주의 사상가들과 마찬가지로 이상적 공동체는 이슬람 공동체 움마라고 생각하였기 때문에 칼리파 제도 복원에 깊은 관심을 쏟았고, 그 결과 1921년에 『칼리파제와 이맘제』(al-Khilafa wa al-Imama al-Uzma)를 저술하였다. 이 책에서 라쉬드 리다는 가장 이상적인 칼리파제는 정통 칼리파 시기라고 주장하였다. 1924년 3월 오스만 투르크 제국의 칼리파제가 폐지되자 아즈하르 대학의 법학자들과 함께 칼리파제 부활에 대해 논의하였고, 이슬람 칼리파제 부활 회의(1926년 카이로)에서는 이집트 푸아드(Fuad) 왕을 칼리파로 옹립하고자 노력하였다. 서구

과학기술, 교육제도의 도입 등 이슬람의 근대화를 주창했던 다른 사상가들과는 달리, 리다는 이슬람 전통, 이슬람 근본으로의 회귀를 통해 이슬람 사회가 직면하고 있는 문제들을 해결하고자 하였다.

(3) 하산 알-반나(Hasan al-Banna, 1906-1949)

반나는 1928년 무슬림형제단을 창시한 이슬람 사상가이자 행동가다. 그는 이집트 종교학교인 아즈하르 대학 출신의 예배 인도자인 이맘(Imam)이자 이슬람 사원의 교사였던 부친 쉐이크 아흐마드 알-반나(Shaykh Ahmad al-Banna)의 영향을 받아 12세부터 수피 종단(Hasafiyyah Sufi Brothers)에서 이슬람을 배웠고, 13세였던 1919년 반영(反英) 투쟁에 가담하였다. 1924년 가족과 함께 카이로로 이주하여 20대 초반을 이곳에서 지내면서 이집트 사회, 특히 젊은 세대가 서구화, 세속화되고 있고, 전통적 윤리가 파괴되고 있는 현실을 목격하였다. 반나는 압두와 그의 제자 리다 등 이슬람 개혁주의 사상과 마찬가지로 이집트 사회의 문제를 바로잡고, 서구 제국주의와 그 문화가 오스만 제국 치하의 아랍 세계로 침투하고 있는 상황을 크게 우려했다. 그는 1, 2차 세계대전으로 피폐해진 당시 사회 참상의 치유책으로 순수한 이슬람으로 회귀하고, 전통적 가르침에 충실해야 한다고 주장하는 살라피였다. 그는 1927년 다르 알-울룸(Daar al-Ulum)을 졸업한 뒤 수에즈에 위치한 이스마일리야(Ismailiyya) 시(市)의 한 초등학교에 아랍어 교사로 부임

하였고, 같은 해 11월에 '청년무슬림협회(Young Men's Muslim Association)'
에 가입하여 이슬람 개혁 운동에 참여하였다. 1928년 3월에 반(反) 외
세를 주창하는 소규모 이슬람 공동체인 무슬림형제단을 창설하였고,
1932년 카이로에 본부를 설립하였다. 1930년대 말에 무슬림형제단
의 조직원은 50만 명, 중동 전 지역에 걸쳐 설립된 그 지부는 5,000여
개에 이르렀다. 반나의 주요 사상은 순수한 이슬람으로의 회귀와 칼
리파제의 복원, 외세 배제였고, 점차 식민주의에 대한 저항, 공공 복
지 확립, 천연자원의 활용, 사회주의 체제 수립 주장, 사회적 불평등
해소 호소, 아랍민족주의 강화 주장, 팔레스타인 문제 해결 등 이집
트 및 아랍 사회 전반에 대한 개혁을 주장하였다. 1948년 제1차 중동
전쟁 때 단원들을 팔레스타인에 파견하는 등 무장 투쟁에 참여하였
다. 그는 이슬람 국가의 정부 형태에 대해서 언급하진 않았지만, 이슬
람 국가가 다음 세 원리, 즉 코란이 기본 헌법임, 정부는 자문회의(al-
Shura)에 의해 운영됨, 정부 수반은 이슬람 교의와 국민 의지의 제한을
받음에 근거해야 함을 강조하였다.[18]

그는 정당제도, 선거제도, 경제 개혁을 주장하였고, 서구 이념들에
대한 비판적 수용, 전통적인 여성 역할 강조 등 이슬람 원리에 기초하
여 다양한 분야의 개혁을 주장하였다. 반나는 사상가라기 보다는 이
슬람 근대화와 이슬람 국가 건설을 실천한 행동가에 가까웠다. 따라
서 그의 이슬람주의 사상은 이슬람 정치운동(Islamic political movement)에

가까웠고, 무장투쟁까지도 할 수 있음을 강조함으로써 오늘날 정치 이슬람 세력, 즉 이슬람 테러리즘 세력에게 무장 투쟁의 명분을 만들어 주었다. 반나가 창설한 이집트의 무슬림형제단 세력은 2011년 아랍 민주화 과정에서 정권을 획득했지만, 이집트 군부의 반혁명에 의해 1년 천하로 끝나 버렸다.

(4) 사이드 꾸뜹(Said Qutb, 1906-1966)

1930-50년대에 활발하게 활동했던 꾸뜹은 영국의 식민주의, 2차 세계대전 이후의 미-소 중심의 냉전 이데올로기, 1952년의 나세르 군사혁명의 세속적 사회주의와 민족주의 등을 경험하면서 이집트 사회가 직면한 병리를 치유하는 방안으로 이슬람식 근대화를 주장하였다. 그는 영국의 식민제국주의로부터 세속적 물질주의와 개인주의적 자본주의의 병폐를 발견하였고, 그에 대한 대안으로 이슬람에 기반을 둔 무슬림 공동체, 즉 현대식 움마 공동체를 건설하고자 하였다. 꾸뜹은 1948년 정부 지원금으로 2년 동안 미국에 유학한 경험이 있었는데, 독실한 무슬림의 눈으로 보았을 때 미국 사회는 너무 타락해 있었다. 현대 이슬람 테러리즘의 시조라고도 불리는 꾸뜹은 많은 이슬람 관련 책을 저술했는데, 그중에서도 자힐리야(Jahiliyyah)론을 주장하는 1954년에 저술한 『진리를 향한 이정표』(Ma'alim fi al-Tariq)는 현대 이슬람 원리주의의 사상적 토대가 되었다. 그는 무슬림형제단의 사

상적 지도자로서 나세르가 주도한 혁명위원회에 유일한 민간인 위원으로 참여하였으나 1966년 8월 29일에 '국가 전복 기도 및 선동죄'로 사형에 처해졌다.

5) 마우두디의 자마아테 이슬라미 정치운동과 이슬람 국가론[19]

이슬람 국가론 논의에서 마우두디(Abul A'ala Maududi, 1903-1979)는 가장 탁월한 이슬람사상가였다. 마우두디는 이슬람은 상호 유기적으로 연계되어 있는 삶의 총체적 체계이며, 현대적 의미의 이슬람 국가는 무함마드가 코란과 순나에서 강조하고 있는 타우히드(tawhid)와 신의 절대성에 기초한 국가라고 비교적 명확하게 이슬람 국가를 정의하였다. 마우두디는 이슬람 국가를 전(초)역사적인 것(transhistorical view)으로 보고 다음과 같이 규정하였다. 첫째, 모든 행동은 종교적 행동이다. 예언자 무함마드의 행위가 바로 그러한 것이었는데, 그가 행하고 말한 것은 국가의 단순한 정치 지도자의 행위가 아니라 완전한 무슬림 인간의 행위였다. 둘째, 메디나의 국가는 완전한 신정국가였다. 그것은 예언자가 통치하는 부족 연합(tribal confederacy)이었다. 셋째, 이러한 이슬람 사회에서는 정신 영역(spiritual realms)과 정치 영역(political realms)은 분리할 수 없다. 왜냐하면 신은 자신의 의지를 국가(body politic)를 통해 직접적으로, 확실하게 인간에게 표현하며, 인간과 국가 간에 조화는 성취된다. 넷째, 코란은 예언자 무함마드를 통해서 전해진 문자화된 신의 언어이다. 그러므로 그것은 단순한 '성서'가 아니라 모든 측면의 무슬림 생활에 대한 포괄적 안내자이다. 다섯째, 이슬람 국가는 신법에 의해 통치되기 때문에, 그 안의 모든 시민들은 무슬림이 되어야 한다. 이슬람 국가는 국경, 인종, 성, 계급으로 규정되는 것이 아니라 무슬림들의 멤버쉽으로 규정된다. 여섯째, 이슬람 국가의 신정 제도를 특징 지우는 것은 칼리파제와 울라마이다.[20]

마우두디는 이슬람 헌법, 즉 이슬람 국가의 네 가지 명확한 패러다임(specific paradigms), 또는 네 원천을 제시했는데, 그것은 ① 코란, ② 예언자 무함마드의 언행, ③ 야스립(메디나)에 세워진 최초 이슬람 국가, ④ 무함마드 사후의 '바른 길로 인도하는 칼리파의 시대'였다.[21] 마우두디는 50년이라는 짧은 시간에 이슬람이 광범위하게 확대될 수 있도록 만든 방식, 즉 이슬람 황금시대의 정치-종교 비분리라는 이슬람 이념으로 이슬람을 부흥시킨다면, 현대에서도 이슬람이 광범위하게 확대될 것으로 생각하였다. 그는 기존의 살라피들과 마찬가지로 순수 이슬람(pure Islam)을 강조했는데, 순수 이슬람은 삶의 부분이 아니라 삶의 전체를 의미하였고, 그것은 사회적, 경제적, 종교적 삶뿐 아니라 정치적 삶도 포함하는 것이었다. 따라서 그의 순수 이슬람 국가(pure Islamic state)는 플라톤이 『국가』(Republic)에서 구상한 이상국가와 마찬가지로 하나의 극단적 유토피아이며 일종의 전체론적 국가이다.

마우두디는 이슬람 국가를 지나치게 이상화시켰고, 이슬람이 이슬람 밖으로부터 영향을 받을 수도 있다는 것을 고려하지 않고, 즉 이슬람 국가의 사회적, 문화적 환경과 변화를 고려하지 않고, 초역사적인 것으로 인식하였다. 도노휴(Donohue)에 따르면, 예언자 무함마드가 건설했던 신의 절대성에 기초한 사회적, 도덕적 질서를 회복하고, 궁극적으로 이슬람 국가를 건설하기 위해서는 다음과 같은 원칙을 따라야 한다. 첫째, 오직 신만이 그 주권의 주인이고, 행사자이다(신권론). 둘째, 신만이 진정한 입법자이고, 절대적 사법권을 보유하고 있기 때문에 어느 누구도 어떠한 이유로 신이 정한 법을 자신의 편의에 따라 개조하거나 변형시킬 수 없다(신법의 절대성). 셋째, 이슬람 국가는 이슬람법의 테두리 내에서 가능하고, 그 운용이 신의 범위를 넘어설 때 국가의 명령과 통치의 정당성은 상실된다(신법에 기초한 국가의 정당성).[22] 국가를 운용·통치하는 자는 신의 대리인일 뿐이므로, 그는 스스로의 권위로 법을 제정할 수도, 함부로 법을 폐지할 수도 없다. 대중은 신법의 틀에 어긋나지 않는 한도 내에서만 민주주의를 향유할 수 있다.

마우두디는 이러한 이슬람 국가를 건설하기 위해선 정치 권력이 이슬람 개혁론자들에게로 넘어가야 한다고 생각했고, 국가의 이슬람화와 사회 전체의 이슬람화, 신의 절대 주권과 전체주의가 결합된 국가 수립을 꿈꿨다. 인도계 파키스탄인 학자, 철학자, 법률가, 저널리스트, 이슬람주의자, 이맘이었던 마우두디의 민주주의에 대한 인식도 그가 살고 있던 당시 상황과 관련시켜서 맥락적으로 이해해야 할 것이다. 당시 인도 민족주의(Indian nationalism)는 다원주의 사회의 민주주의를 추구하였으나 많은 무슬림들은 인도 민족주의를 힌두인의 우월성(Hindu supremacy)을 강조하기 위한 장치로 보았다. 이러한 이유 때문에 마우두디는 민주주의가 가지고 있는 긍정적 의미를 인식하면서도 다른 한편으로는 민주주의를 의심하였다. 마우두디는 민주주의 논쟁(question of democracy)이 결코 발생하지 않을 몰역사적 용어로서의 국가(the state in ahistorical terms)를 이상적 형태로 생각하였다.[23] 아마도 시대를 초월하여 존재하는 완벽한 신정국가를 꿈꾼 것이다. 마우두디는 과거에 이미 존재했던, 그래서 미래 언젠가는 한 번 더 실현될 그러한 공동체를 생각하였다. 그것은 예언자는 없지만 상당한 권위를 가진 일종의 지도자인 셰이크나 울라마가 통치하는 국가였다. 마우두디에게 이슬람은 하나이고, 진정한 종교이며, 메디나는 신의 예언자가 통치하는 신의 화신이었다. 이슬람 국가는 예언자 무함마드 시대의 메디나와 정통 칼리파 시기와 같은 공동체를 이상으로 하여 건설될 것이다.

마우두디는 이슬람 국가 건설이라는 목표를 실현하기 위해서 1941년 8월에 영국 식민지하 인도에 이슬람 정당인 자마아테 이슬라미(Jama'at-e-Islami, 이하 JI)라는 정치 결사체를 설립하였다. 이슬람 가치와 실천을 증진시키기 위한 이념 운동을 하는 정치 결사체였다. 1947년에 파키스탄이 분리 독립되자 마우두디는 파키스탄에 이슬람 국가를 건설하는 것에 주력하였으나 서구 교육을 받고 서구 지향적 실용주의 노선을 취한 국가 건설 주역들인 군부와 충돌할 수밖에 없었다. 마우두디는 JI의 목표를 '파키스탄에 이슬람 국가를 건설하는 것'으로 정하고, 이 목적을 달성하기 위해서 정상에서 벗어난 타락한 공동체(community of deviant behavior)를 순화시키고, 이슬람에 정통한 소수의 성직자가 정책을 결정하는 정치체제를 구축하는 것이 필요하였다. JI는 타락한 공동체를 개혁한다는 명분으로 반(反) 아흐마디야 무슬림 공동체(Ahmadiyya Muslim community) 캠페인을 전개하기도 하고, 지아(Zia) 정권의 이슬람화 프로그램을 지지하기도 하였으나, 1984년에 무함마드(Mian Tufail Muhammad) 당 대표가 학생 연합(student unions)인 〈이슬람학생협회(Jamiat-i-Tulaba-i-Islam, Islamic Society of Students)〉의 결성 및 확대를 금지하기로 결정하자 JI와 무함마드는 충돌하기 시작하였다. JI는 1990년에 〈이슬람 민주 동맹〉(Islami Jamhoori Ittehad, Islamic Democratic Alliance)결성에 중요한 역할을 하였으나 총선거에서 계속 소수의 의석만 얻는 등 파키스탄 유권자들은 종교 중심의 국가 정책 결정에 반대했으며, JI의 이슬람 국가 건설의 꿈은 멀어져 갔다. 마우두디가 설립한 JI의 정치적 목표는 다음과 같이 요약할 수 있다.[24]

첫째, 코란과 순나의 원래 가르침을 회복하고, 예언자와 정통 칼리프 시대에 실현되었던 사회·종교적 체제 창출. 둘째, 이즈티하드를 정당 · 의회 · 선거 같은 정치 영역에서뿐 아니라, 사회 · 경제적 제도의 실현을 위한 분야에서도 적용. 셋째, 이슬람은 종교 생활뿐 아니라 정치, 경제, 사회 등 인간 모든 생활 분야를 포괄하는 종교이므로 모든 분야에서 이슬람화 실현. 넷째, 신비주의자들이 신봉해 왔던 숙명론이나 의례적인 이슬람 배격.

실제로 JI는 창설 이후 지속적으로 이슬람 근대주의, 세속주의, 사회주의, 종족주의 등에 반대하고 이슬람 헌법의 도입을 위해 투쟁해 왔다. 마우두디는 샤리아에 근거한 국가와 사회 건설은 이슬람의 도덕, 이념, 세계관을 바탕으로 하는 정치 운동을 통해 가능하다고 보고, 교육, 연수를 통해 젊은 세대들을 이슬람 인간상을 가진 지도자 및 운동가로 양성하고자 하였다. 체제적 측면에서 볼 때, 마우두디의 정치경제 사상, 즉 이슬람 국가 사상은 주권재신(主權在神), 권력분립, 통치자와 슈라의 정기적인 국민 직접선거에 의한 선출, 일정 정도의 국가 개입을 허용하는 사유재산제 및 이슬람식 경제(할랄, 자카트, 리바 폐지 등)라고 할 수 있다. 마우두디의 정치경제 사상의 핵심은 국가와 사회의 이슬람화였다. 그는 이슬람 국가를 건설하기 위한 운동 조직으로 1941년에 JI를 조직하여 영국 식민지하의 인도와 분리 독립된 파키스탄(1947년)에 이슬람 국가를 건설하고자 하였다. 그는 이슬람 지하드를 재해석하고 폭력적 방법보다는 점진적이고 합법적, 평화적 방법을 통해 이슬람 국가를 건설하려고 하였다. 그가 이상으로 삼았던 이슬람 국가는 중세 유럽의 신정 체제나 현대 유럽의 자유민주주의 체제와는 다른 신의 절대 유일성을 주장하는 '신정 민주주의(Theo-Democracy)'였다. 신정 민주주의는 샤리아를 가장 상위의 법으로 하고 (신법, 재신주권), 입법·사법·행정 권력이 분립되어 있으며, 임기가 제한되어 있는 통치자와 슈라 위원들을 국민이 직접선거를 통해 선출하는 민주주의인 것으로 해석된다. 이슬람과 민주주의가 결합된 신정민주주의는 오늘날 이슬람 사회가 지향해야 할 하나의 중요한 목표여야 할 것으로 판단된다.

6) IS의 이슬람 국가론[25]

칼리파제 국가 수립을 목표로 극단적 폭력을 자행하고 있는 자칭 이슬람 국가(Islamic State, 이하 IS)가 중동 국제 관계의 새로운 행위자로 부상하였다.[26] IS는 이라크와 시리아 지역의 넓은 지역을 점령해 가면서 참수, 집단 총살, 여성의 인신매매 및 성노예화 같은 매우 잔인한 폭력적 수단을 통한 공포정치를 자행하고 있다. IS는 칼리파제 국가 수립을 선언하고, 국가 이념으로 '살라피 지하드주의'를 채택하고 있으며, '반 세속, 반 서구 및 반 그리스도교, 반 시아'의 기치 아래 '공포감', '풍부한 자금', '다양한 홍보 수단'을 활용하여 급속도로 세력을 확대시켰다.

IS의 뿌리는 1999년 요르단 살라피 지하드주의자인 자르까위가 건설한 〈유일신과 성전 그룹〉(Jama'at al-Tawhid wa-al-Jihad, Society for Monotheism and Jihad, 이하 JTJ)이라는 정치 이슬람 조직이다. 당시 JTJ의 정치적 목적은 이라크에서 연합군을 철수시키고 이라크 임시정부를 와해시키며, 점령 정권에 부역하는 자를 암살하는 것과 시아파를 제거하고 시아파 시민군을 패배시키는 것, 최종적으로 하나의 순수 이슬람 국가(a pure Islamic state)를 건설하는 것이었다. JTJ는 메소포타미아 알-카에다(the al-Qaeda Organization in the Land of the Two Rivers, '이라크 알-카에다'로 불리기도 함. 2004.10-2006.1.), 이라크 무자히딘 슈라위원회(al-Mujahidin Shura Council in Iraq. 2006.1-2006.10),[27] 이라크 이슬람 국가(Islamic State of Iraq, ISI. 2006.10), 이라크-샴 이슬람 국가(Islamic State in Iraq and Sham, ISIS/ISIL. 2013.4), IS(2014. 6. 29)로 명칭이 변경되어 왔다. 자르까위의 네 번째 후계자인 바그다디는 ISIS를 IS로 명칭을 변경하고 '자신이 칼리파'라고 선언하였다. IS가 칼리파제 국가 수립을 천명한 것은 이슬람 움마, 즉 현대적 용어로 '이슬람 국가(Islamic state, Is)'를 건설하겠다는 것을 의미한다. 바그다디는 "세계는 두 캠프(two camps), 즉 '이슬람과 믿음(faith)의 캠프'와 '불신(kufr, disbelief)과 위선(hypocrisy)의 캠프'로 구분된다."고 주장하면서,[28] 유대인, 유대인을 따르는 모든 자, 그리스도교인, 십자군과 그 동맹국들(미국의 아랍 동맹국들), 시아파 무슬림이 후자에 속한다고 하고 있다. 이는 이슬람이 창설 초기부터 세계를 '다르 알-이슬람

(Dar al-Islam, 이슬람의 집)'과 '다르 알-하르브(Dar al-Harb, 전쟁의 집)'로 이분하고, 다르 알-이슬람 건설, 즉 칼리파제 국가 건설을 위해 성전(Jihad)을 수행해 왔던 것과 같은 논리이다.

IS는 2014년 7월 초부터 홍보 수단 및 IS 내외부와의 정보 소통 수단으로 인터넷 매체인 Dabiq(이하 「다비끄」로 표기)라는 저널을 여러 언어로 출판하여 세계에 뿌려왔다.[29] IS가 출판하는 「다비끄」를 통해 IS의 정치적 목표가 무엇인지를 파악할 수 있다. 「다비끄」에는 이슬람 국가의 전략 방향, 무자헤딘 충원 방법, 정치-군사 전략, 부족동맹군 형성, IS 무자헤딘의 점령지, 이슬람 국가의 차기 목표물로서의 사우디아라비아 등이 언급되어 있다. IS는 「다비끄」를 출판하는 목적을 다음과 같이 설명하고 있다.

① 무슬림들이 새 칼리프를 돕도록 요청하는 것, ② IS가 시리아 부족들의 지지를 받아 성공하고 있고,[30] 최근의 군사작전 성공, 시아에 대한 자신들이 행한 생생한 폭력 장면뿐 아니라 IS의 적(미국 및 서구 국가들, 이라크 시아파 정부, 시리아 알-아사드 정부 등)이 자행하는 잔학 행위를 보도하는 것, ③ IS의 최초 지하디스트에 대한 아라비아 반도 비판가들을 추종하는 자들과 잠재적 추종자들을 포함하는 다른 지하드 그룹 추종자들에게 칼리파제 국가의 성격, 목적 및 정당성, 모든 무슬림들을 통치하는 정치적, 종교적 권위를 설명하고 정당화하는 것, ④ 묵시 문학에서 찾아낸 다가올 전투의 종말론적 성격, 무함마드의 전통(하

디스), 살라피 지하드 전략서(Salafi-Jihadist strategic literature)에서 찾은 예언(prophecies)과 현대의 전술 소개, ⑤ 젊은 지하드 전사들의 이미지를 제고하고 젊은이들이 IS에 합류하여 IS를 위해 싸울 것을 선동하는 것 등 다양하다.

「다비끄」에는 바그다디가 2014년 라마단 첫날(6월 29일)에 선언한 '칼리파제 선언' 내용이 인용되어 있다.

"오늘 여러분의 머리를 높이 들어라. 여러분은 하나의 국가, 킬라파(Khilafah)를 가지고 있다. 킬라파는 여러분에게 위엄, 힘, 권리, 지도력을 되돌려 줄 것이다. 그것은 아랍과 비아랍, 백인과 흑인, 동양인과 서양인 모두가 형제가 되는 그러한 국가이다. 그것은 카프카스인, 인도인, 중국인, 샴인, 이라크인, 예멘인, 이집트인, 마그레브인, 미국인, 프랑스인, 독일인, 오스트레일리아인이 함께하는 하나의 킬라파(a Khilafah)이다. 알라는 그들의 마음을 하나로 모았으며, 그리하여 그들은 알라의 은혜로 형제가 되었고, 서로 사랑하며, 하나의 참호 안에 설 수 있게 되었고, 서로를 보호해 주고 호위해 주며, 서로를 위해 자신을 희생한다. 하나의 국기와 목표하에, 하나의 천막 안에 그들의 피는 섞이고 하나가 되어, 이러한 충실한 형제애의 축복을 즐길 수 있게 되었다. 만일 왕들이 이러한 축복을 맛본다면, 그들은 자신들의 왕국을 버릴 것이고, 이러한 영광을 위해 투쟁할 것이다. 그러므로 모든 찬양과 감사는 알라의 덕택이다."[31]

「다비끄」제1권의 표제 제목도 '킬라파의 복원', '킬라파가 선언되었다'이며, 'IS 보도' '이마마의 개념은 이브라힘의 밀라로부터'라는[32] 기사 제목들을 통해(「Dabiq」 1, 1435, 6, 20) 자신들이 칼리파제 국가 수립을 목표로 하고 있음을 확실히 하고 있다. IS는 '칼리파제의 전 지구적 성격'을 강조하고 있으며, 세계 모든 무슬림들, 특히 의사, 엔지니어, 학자, 전문가들의 히즈라(hijrah), 즉 'IS로 이주'를 선동하고 있다.[33]

또한 「다비끄」의 각 권의 목차에 '이슬람 국가(Islamic State)'란 용어가 들어가 있다. 2014년 6월 29일부터 IS라는 (자칭) 국명을 사용하고 있는데, 사실 IS는 학문적으로 국명이 될 수 없다. 왜냐하면 이슬람 국가(Islamic state)는 국가(state)-사회(society) 관계를 이해하고자 할 때, 국가(state)의 성격을 의미하기 때문이다. 즉 현재 중동 아랍 국가들의 사회는 이슬람 사회이지만, 대부분의 국가는 이슬람 국가가 아닌 세속국가인 공화정이며, '국가의 이슬람화(Islamization of state)'가 달성되었을 때, 그 국가를 이슬람 국가(Islamic state)라고 할 수 있다. 마치 대한민국의 국가 성격을 애기할 때 '대한민국'이라고 하지 않고 '자본주의 국가(capitalist state)'라고 하는 것과 마찬가지이다. 그럼에도 불구하고 이 단체가 스스로를 국가라고 주장하고 IS라는 용어를 사용하는 이유는 이슬람 사회인 아랍국가들의 '국가'(state)를 이슬람화시키겠다는 의지를 표현하기 위한 것이고, 앞서 언급한 '다르 알-이슬람'의 중동 및 세계적 확대를 추구하겠다는 의지를 표명하기 위한 것이다. IS가 정부 형태를 킬라파, 즉 '이슬람 칼리파제,' 지도자를 '칼리프'라고 하는 것도 '국가의 이슬람화'를 추구하겠다는 것을 의미한다. 킬라파, 칼리파제, 이맘제는 모두 이슬람 국가 정치체제를 의미한다. 칼리파제에서 최고 통치자 칼리프는 절대 권한을 가진다. 「다비끄」에서도 칼리프에 대한 절대 복종을 강권하고 있다. "자마아(Jama'ah) 없이는 이슬람이 없고, 이마라(Imarah, leadership) 없이는 자마아가 없으며, 타아(Ta'ah, 복종) 없이는 이마라가 없다."는 것이다.[34] 이는 곧 이슬람 지도자에게 절대 복종해야 함을 강조한 것이고, 따라서 정치 리더십과 종교 리더십을 분리한 민주주의에 반하는 전체주의 이념에 가까운 것이다.

IS는 '킬라파 구축 목표는 금세기 지하드 부활 이후 무자혜딘들의 마음을 지배해 온 것이었으며,[35] 알라의 의지에 따라 예언자 지위도 존재할 것이고, 예언자의 방식에 따른 킬라파(Khilafah on prophetic methodology)도 존재할 것이며, 거친 왕권(harsh kingship)도 존재할 것'이라고 주장한다. 그러므로 IS의 궁극적 목표는 예언자 방식의 칼리파제를 구축하는 것이다. 「다비끄」에는 '이맘의 개념'를 설명하면서 알 바그다디는 '정치와 종교 모두에서 모든 무슬림의 절대통치자이며, 현재의 IS는 진정한 이마마이거나 리더십의 표현'이라고 주장하면서, "이전 어느 때보다도 모든 무슬림들이 목소리를 드높이고, 바그다디에게 충성을 맹세하도록 하는 것은 의무이다."[36] 라고 주장하고 있다.

여기서 보편적 종교로서의 이슬람과 이슬람주의 이념을 기초로 하고 종교를 정치적으로 이용하는 정치 이슬람 그룹과는 구별해야 한다. 정치 이슬람 그룹은 종교를 이용하여 자신들의 정치적 목적, 궁극적으로는 칼리파제 이슬람 국가를 건설하기 위해 평화적 방법을 사용하기도 했지만, 상황에 따라 참수, 학살, 인신매매, 테러, 전쟁, 노예화, 성적 학대 등 폭력적 수단도 서슴없이 사용하였다.

근대 이후의 주권적 영토 국가는 획정된 특정 영토 내에서 권위 및 강제력의 독점, 외적 승인이 있어야 한다. IS는 이라크와 시리아 지역을 점령하여 영토적 실체를 보유하고 있고, 여러 분야에서 이라크와 시리아 내 순니 아랍인들을 대표하고 있으며, 테러리즘 요소를 많이 가지고 있음에도 불구하고 영토를 확장시킬 수 있는 통합된 군사력을 보유하고 있기 때문에 실질적인 영토 국가로서의 모습을 갖추어 가고 있다. 그러나 IS는 아직 주권적 영토 국가가 아니라 국가와 사회가 이슬람화된 주권적 영토 국가를 건설하기 위해 극단적 폭력을 사용하고 있는 테러 단체라고 할 수 있다. 특히 2014년 9월 19일 전 세계 순니 무슬림 학자 126명이 서명하여 바그다디로 알려져 있는 알-바드리(Ibrahim Awwad Al-Badri, alias 'Abu Bakr Al-Baghdadi')와 그들이 선언한 IS의 전사와 추종자들에게 보낸 공개 서한에서, 학자들은 IS의 잔인한 행위와 이슬람법에 대한 잘못된 해석 등 24가지를 들어 비판하였다. 이들 학자들은 IS를 이슬람 국가(Is)로 보지 않고 있는 것이다.

한편, 「다비끄」에서는 20세기 좌익과 21세기 지하디스트 그룹들이 사용한 모택동 사상(Maoist ideas)에 기초한 3단계 게릴라전 구조(three-stage guerrilla warfare structure), 즉 ① 손상(nikayah = injury or terrorist tactics), ② 만행(tawahhush = mayhem or savagery), ③ 합병(tamkin = consolidation or establishing a state)에 대해 언급하고 있다.[37]

첫 단계에서는 중앙 정부를 파괴하고 가능한 중앙정부가 목표 지역에서 군대를 철수시킬 수 있을 정도의 '혼란'을 조성한다. 혼란은 우상 숭배자들이 수십 년 동안 통치해 왔던 무슬림 땅에 현존하는 것과 같은 정도의 안정성을 우상 정권(taghut regime, idolatry regime)이 유지하지 못하도록 한다. 두 번째 단계, 즉 혼란이 '만행'의 단계라고 할 정도로 불안정해지면 무자헤딘은 그 지역을 통제할 수 있거나 '만행의 행정 (administration of savagery)'이라고 하는 원시 정부(primitive government) 상태에 빠지게 된다.

"이러한 공격, 혼란 야기, 원시 정부 상태에 빠지게 함으로써 결국 십자군이 '순니 삼각지대'라고 했던 지역의 정권이 점점 붕괴되게 만들었다. 그때 무자헤딘은 재빨리 이 빈 지역에 진입하여 아부 오마르 바그다디의 지도하에 〈이라크 이슬람 국가〉를 선언하였다.[38] 이는 움마 역사에서 기념비적인 것이었다."[39]

IS는 「다비끄」에서 이라크 알-까에다의 지도자였던 자르까위가 이라크에서 광범위하고 복합적인 공격을 시도하여 자르까위의 후계자인 아부 오마르 알-바그다디가 지하드 행정 지역(jihadist-administered areas)을 탐킨(tamkin), 즉 '통합'을 통해 〈이라크이슬람 국가〉를 건설할 수 있게 되었다고 주장하고 있는 것이다. 이와 마찬가지로 자르까위의 후계자인 바그다디 자신도 이라크, 시리아 지역을 통합하여 킬라파를 건설하였다고 강조하고 있다. 「다비끄」에는 '자르까위가 2000년 초에 이라크에 구축하려고 했던 킬라파 건설 5단계'가 소개되고 있다.[40] 이는 무자헤딘이 킬라파제 국가, 즉 이슬람 국가를 건설하기 위한 일종의 로드맵이 되었다.

> 1단계: 이주(Hijrah, emigration)는 이슬람 국가로의 이주(여행).
> 2단계: 공동체 형성(Jama'ah, congregation), 합류(join up).
> 3단계: 우상 파괴(destabilize of taghut). 더 먼 곳으로의 확장 목표를 위해 폭군(tyrant)을 불안정하게 하는 데 협조.
> 4단계: 영토 합병(tamkin, consolidation). 새 지역을 합병.
> 5단계: 킬라파(Khilafah, Caliphate) 건설. 새 지역으로 킬라파 확장.

IS는 킬라파 건설 계획 중 첫 단계인 히즈라에 대해 '히즈라는 지하드가 있는 한 중단되지 않을 것'이라고 주장하고 있다.[41] IS는 히즈라를 통하여 무자헤딘, 즉 '알라의 길에서 투쟁하는 무슬림', '이슬람 전사'를 충원하려 하고 있다. 「다비끄」 제3권의 표지 자체가 '히즈라로 부름(A Call to Hijrah)'이고, 내용의 제목들은 '치열한 전투 이전의 이슬람 국가: 전투의 땅으로 이주', '부족적 끈을 끊은 사람들' '샴은 전투의 땅' '샴 이주는 이브라힘의 종교로부터', '이슬람 국가에서의 종교적인 초대(Da'wah)와 책무(Hisbah)', '히즈라는 위선으로부터 진심으로', '지하드 없이는 삶이 없고, 히즈라 없이는 지하드란 없다', '히즈라에 탑승한 사람들에 대한 충고' 등 히즈라에 대해 매우 강조하고 있다.[42]

IS는 이라크 알-까에다(al-Qaeda in Iraq, AQI)가 〈이라크 이슬람 국가, ISI〉를 구축하였다고 강변한다. ISI는 현대 칼리파제 국가 건설을 위한 모델로서 조건을 갖추었고 그만큼 기여하였다는 것이다. IS는 '오사마 빈 라덴의 아프간 알-까에다는 이 세 번째 단계까지만 성취했으며, 이 조직은 킬라파제 수립을 향한 작업을 무시하였다.'고 비판하였다.[43] 「다비끄」에서는 지하드를 '대망의 킬라파(awaited Khalifah)로 나아가는 길에서 거쳐야 할 여러 다리들 중의 하나'로 그리면서 알 까에다의 지도자, 즉 오사만 빈 라덴보다는 자르까위를 '역사적 칼리파제 사명의 유산상속자(inheritor of historical caliphate mission)'로 묘사하고 있다.[44] 자르까위와 오사마 빈 라덴은 아프가니스탄의 서로 다른 지역에서 활동했는데, IS는 이를 바탕으로 오사마 빈 라덴이 이끌었던 알-까에다가 아닌 자신들이 '전 세계적 지하디스트 운동을 하고 있는 유일한 독립 조직'이라고 주장하였다. IS는 「다비끄」에서 2011년 AQI의 패배는 '알라가 포고한 시험,' '믿는 자들을 단결시키고 심약한 자를 추방시키기 위한 신의 계획의 한 부분'이라고 주장했다.[45] 「다비끄」는 자르까위 지도하에서의 ISI의 영토를 '메카, 메디나, 예루살렘(Bayt al-Maqdis)으로부터 돌을 한 번 던지면 다다를 거리에 있을 정도의 무슬림 세계의 심장 내'에 존재하는 것으로 언급하고 있다.[46] 메카, 메디나, 예루살렘에 대한 언급은 ISI(현재의 IS)가 중동의 주요 지역을 종교적으로 통제하고 싶어 하는 소망의 표현이다.

3. 이슬람 국가 사례: 사우디아라비아[47]

1) 와하비주의 출현 배경

살라피 사상의 한 부분인 와하비주의(Wahhabism)를 국가 이념으로 하여 1932년에 근대 국민국가로 설립된 사우디아라비아는 건국 이후 60년이 지난 1992년에 제정된 '통치기본법'에서 사우디아라비아를 이슬람 국가(Is)로 규정하였고, 이슬람 순니파 종주국으로 자타가 공인하고 있는 나라이다.

사우디아라비아의 근간이 된 와하비주의는 다음과 같은 몇 가지 배경하에서 탄생하였다. 첫째, 와합의 태생, 교육, 사회적 관계 속에서 탄생 배경을 찾을 수 있다.[48] 와합의 부친 압드 알-와합 이븐 술레

이만(Abd al-Wahhab ibn Sulayman)은 작고 가난한 나즈디족 출신의 샤리아 법정 판사(까디)였으며, 와합의 최초 스승이었다. 18세기와 19세기 초에 아라비아 중부, 동부, 북부, 서부 지역의 유목민 부족연합(nomadic confederations)에 대한 기록에는 아나자(Anaza) 부족연합이 가장 큰 아라비아 부족이었고, 아나자 부족원 중 많은 부족원이 사우드 가문을 따르고 있었다.[49] 소부족이었던 나즈디족 출신인 와합은 오랜 기간 동안 여러 도시들 및 여러 나라들을 여행하면서 여러 스승 및 동료들로부터 신학을 배우고 연구했으며, 여행지에서 유행하고 있는 사이비 종교를 목격하게 되었다. 이러한 경험을 통해 그는 '원래 이슬람으로 회귀'의 필요성을 절감하고, 이를 설교했을 것으로 해석된다.

둘째, 와하비주의는 종교적 개혁 운동, 제국주의에 대한 일종의 저항운동 이념으로 탄생하였다. 와합이 활동했던 시기는 서구가 침투해 들어오는 중동의 급변 시기였고, 그 영향으로 성인 숭배, 죽은 자를 신성시하거나 사당을 짓고 기도와 예물을 바치는 등 쉬르크(shirk), 즉 다신교적 행위가 유행했으며, 이슬람이 부패했던 시기였다. 시아파 무슬림과 시아파 교리도 확대되고 있었다. 이러한 배경에서 와합은 다신교자들을 적으로 간주하고 '죽이라'고 설교하였다.[50] 서세동점의 시대에 여러 지역을 여행하면서 이슬람이 타락한 것을 목격한 와합은 이슬람 개혁과 제국주의에 대한 저항을 설교하였고, 이것이 사우디아라비아 건국 이념이 되었다.

셋째, 와하비주의는 나즈드 지역의 사회문화적, 자연지리적 환경 속에서 탄생하였다. 유목민과 오아시스 정착민 사회였던 나즈드 지역 부족민들은 사회의 급격한 변화 속에서 소농들이 빚으로 몰락하면서 고리대 폭리에 시달리게 되는 등 사회 혼란이 발생하였다. 18세기 중반에 정치권력을 가진 아미르들은 지역 주민들과 대상 무역업자들로부터 세금을 징수하여 통치 자금을 만들었다. 와합은 바로 이러한 고리대 및 전-자본주의 사회 관계(pre-capitalist social relations)를 비판하면서 여러 부족들에 알려지기 시작하였다. 사회 부조리에 대한 비판 이념으로서의 와하비주의는 경제적, 사회-정치적 요인들에 의해 초래된 아라비아에서의 심각한 정신적 위기의 산물이었다.

2) 통치기본법에 나타난 이슬람 정체성

사우디아라비아의 통치기본법은 국가 정체성을 비교적 잘 드러내고 있다. 특히 이슬람 정체성이 강하게 표현되어 있다. 이는 곧 국가의 종교적 정체성을 강하게 드러내는 것이고, 종교가 그 안에 살고 있는 국민 또는 신민들의 삶의 양태를 강하게 규정하고 있음을 알 수 있다. 이는 곧 사우디아라비아가 이슬람 국가의 한 유형으로 분류될 수 있음을 드러내고 있다. 그럼에도 불구하고 세속적 정체성도 일부 표현되어 있으며, 이는 세계 자본주의 체제, 서구의 세속주의적 정치경제 체제로부터 완전히 자유로울 수 없음을 드러내는 것이기도 하다. 고(故) 파흐드 국왕은 이라크의 쿠웨이트 점령과 제1차 걸프전을 겪은 직후인 1992년 1월 31일 국영 TV와 신문에 발표한 국왕칙서(royal decree)를 통해 통치기본법을 제정하기로 하였다. 통치기본법은 9장 83조로 구성되어 있다.

통치기본법 제1조에는 "사우디아라비아 왕국은 이슬람을 종교로 하는(국교로 하는) 아랍 이슬람 주권국가이다. 신의 책(Quran)과 예언자의 순나가, 신의 기도와 평화가 그에게 있기를, 사우디의 헌법이다. 아랍어가 국어이고 리야드가 수도이다."라고 명시함으로써 사우디아라비아가 이슬람 국가(Is)임을 강조하였다. "국기(國旗)는 알라 외에 신은 없고 무함마드는 알라의 사도이다라는 말을 중앙에 새기고(제3조)", "사우디아라비아 정부의 권력은 지고하신 알라의 경전과 그분의 사도의 순나에서 나오고, 이 둘은 이 통치기본법과 국가의 모든 법을 지배한다(제7조)", "사우디아라비아 왕국 정부는 이슬람 샤리아에 따라 정의, 협의(協議), 평등이라는 원칙을 따른다(제8조)", "가족 구성원들은 이슬람 신조, 알라와 그의 사도, 그리고 통치자에 대한 충성과 복종에 기초하여 양육되어야 한다.(제9조)", "교육의 목적은 젊은 세대에 이슬람 신조를 주입시키고…(제13조)", "국가는 이슬람을 보호한다. 국가는 이슬람 샤리아를 이행한다.(제23조)", "국가는 고귀한 두 성지를 정비하고 관리한다. 순례자들이 편안하고 안정적으로 대순례와 소순례를 행할 수 있도록 안전을 보장하고 배려한다.(제24조)", "국가는 이슬람 샤리아에 따라 인권을 보호한다.(제26조)", "이슬람 신조, 두 성지, 사회, 조국을 지키기 위해 군대를 창설하고 무장한다.(제33조)", "이슬람 신조를, 사회를, 그리고 국가를 방어하는 것은 모든 국민의 의무다.(제34조)", "아랍 이슬람왕국 내 모든 파트와의 원천은 알라의 경전과 그분의 사도의 순나다. 법은 고위(高位) 울라마 조직의 구성, 파트와 연구와 발행, (고위 울라마 조직의) 책임을 규정한다.(제45조)"고 규정하고 있다. 이 외에도 국왕, 사법부, 내각 등도 코란과 순나에 따라 통치하고 판결하며 적용해야 한다고 규정하고 있다. 통치기본법의 내용으로 보아 사우디아라비아는 현실적으로 존재하는 전형적인 이슬람 국가이다.

4. 이슬람 국가, 이상적인 공동체인가?

오늘날 어느 국가가 현실 이슬람 국가인가에 대해서는 이슬람 사상가들과 이슬람주의 세력들 간에 견해 차이가 있다. 1920년 설립된 이후, 이슬람 정통성의 전형으로 스스로 자리매김하였고 많은 무슬림 근대주의자들(Muslim modernists)로부터 '희망이 없는 낡은 모자'로 낙인이 찍힌 사우디아라비아 정권은 이슬람 정통성이 결핍된 급진 종교 세력들로부터 비난을 받았다.[51] 예를 들면, 알-까에다의 지도자였던 사우디아라비아 출신 오사마 빈 라덴은 사우디아라비아를 이슬람 국가로 보지 않았다.

1978년 말과 1979년 초에 호메이니가 팔레비 왕조를 전복하고 이슬람 정부(Islamic government)를 세웠다. 그로부터 2년 후인 1981년 10월, 이스라엘과 평화 협상을 했던 이집트의 파라오로 불리기도 한 사다트(Anwar al-Sadat) 대통령은 정통성 있는 이슬람 정부를 세우라는 이슬람주의자들(무슬림형제단)의 요구를 거절함으로써 살해되었다. 그 이후 중동을 포함한 전 세계 무슬림 국가들은 정치와 정부를 이슬람의 요구에 적응시켜야 하는 도전에 직면하였다. 이란, 파키스탄, 수단 이외의 일부 정부들도 자신들이 이슬람적(Islamic)이라고 주장하였다. 다른 많은 무슬림 국가들도 모든 입법은 샤리아에 적합하도록 해야 한다고 주장함으로써 종교적 색채를 띠려고 노력했으며, 급진 종교 세력들은 기존의 정부를 전복하고 외국의 영향력을 떨쳐 버려야 한다고 주장하였다. 오늘날 급진 이슬람 그룹들(이슬람 정부, 급진 이슬람 정치 그룹, 이슬람 테러리스트)은 '항상, 어느 곳에서나(li kull makan wa zaman) 유효한 오직 하나의 진정한 이슬람'이 있어 왔고, 앞으로도 그럴 것이라고 주장한다. 이들은 이슬람 초기의 '황금시대의 재구성', 즉 '이슬람의 세계' 건설을 목표로 투쟁한다. 서구의 과학기술을 수용하여 근대화를 해야 한다고 주장한 사상가나 전통 이슬람에서 근대화 방안을 찾는 사상가 모두 이슬람을 기반으로 하는 움마 공동체, 즉 현대적 용어로 이슬람 국가 건설을 꿈꿨다는 점에서 오늘날 많은 정치 이슬람 세력의 사상적 지주가 되었다.

오늘날 널리 회자되고 있는 이슬람 국가(Islamic state)는 칼리파제 국가, 이맘제국가, 킬라파와 같은 의미를 가지고 있으며, 오랜 이슬람 역사 속에서 이슬람 사상가와 정치 이슬람 세력(이슬람주의자, 이슬람원리주의자)에 의해 가장 이상적인 정치 종교 체제로 여겨졌다. IS 지도자들도 킬라파를 자신들이 이상으로 하는 체제로 여기고 폭력적 방법을 통해서라도 수립해야 하는 것으로 인식하고 있다. 그러나 IS의 폭력성을 보면서, 많은 지성인들이 "이슬람이란 무엇인가? 오늘날 이슬람 사회에서 무엇이 잘못되고 있고, 왜 잘못되고 있으며, 안전과 평화를 위해 어떻게 해야 하는가? 이슬람이 '평화의 종교'인가? 신의 이름으로 자행되는 많은 폭력, 특히 '인간이 인간을 죽임'을 신이 허용했는가? 이슬람에서는 '총을 멘 신(알라)'을 숭배하는 것인가?" 등 많은 의문을 제기하였다. 어떤 학자는 '면죄부를 판매했던 로마 가톨릭에서는 루터의 개혁이 가능하였으나 이슬람에서는 교리 그 자체로 보아 개혁이 불가능함'을 강조하면서, 이슬람 순니파 교리의 근간인 샤리아(이슬람법. 코란과 하디스가 법원임), 5주(柱, 다섯 가지 핵심 기둥: 신앙증언, 예배, 구빈세, 금식, 성지순례), 6신(信, 무조건 믿어야 하는 것 여섯 가지: 알라, 천사, 경전, 예언자, 최후심판, 정명), 특히 내세관과 폭력적 지하드의 세계화 등에 대해 비판하였다. 이슬람을 '증오의 종교'로 만들고 있고, 근본주의자, 극단주의자, 성전주의자, 천년왕국 무슬림으로 인식되고 있는 '메디나 무슬림'

에게 이슬람도 '인간의 얼굴을 가진 종교'가 되어야 함을 강조한다.

알-까에다, IS, 보코 하람, 알 샤밥 등의 정치 이슬람 세력이 자행하는 폭력을 매일 언론에서 접해야 하는 중동 연구자로서 다음과 같은 의문점을 갖게 되었다.

이슬람은 평화의 종교인가? 이슬람 사회에서 순교관과 내세관, 운명론적 세계관, 지하드에 대한 재해석은 불가능한가? 성전주의자들은 우상(taghut), 이단자(takfir)와 파트와(fatwa), 이즈티하드와 타끌리드, 충성 맹세(bay'ah) 등의 이슬람 용어를 어떻게 정치적으로 해석하고 있는가?

주석

지혜와 경험과 법이 하나다__ 주원준

1 고대 근동학(Ancient Near Eastern Studies)을 좁게 정의하면, 지역적으로 메소 포타미아에 엄격히 국한하거나, 필요에 따라 아나톨리아 반도와 시리아-필리 스티아 지역을 일부 포괄하여 서술한다. 그래서 고대 근동학의 입문서로서 오 랫동안 권위를 인정받은 다음의 책을 보면, 고대 이집트를 제외하였음을 알 수 있다. 이런 고전적 정의에 의하면 고대 근동학은 앗시리아학(Assyriology)와 거 의 같다고 할 수 있다. von Soden, Wolfram, *Einführung in die Altorientalistk*. Darmstadt: *Wissenschaftliche Buchgesellschaft*, 1985. 하지만 최근에는 고대 이 집트를 포괄하여 더 넓게 정의하는 경향이 있다. 비교적 최근에 나온 다음의 책은 고대 근동의 역사를 다루면서 이집트를 적극적으로 포함시켰다. Amélie Kuhrt, *The Ancient Near East I: From c. 3000 to c. 1200 BC*. (London: Routledge, 1995); *The Ancient Near East II: From c. 1200 to c. 330 BC*. (London: Routledge, 1995). 또한 고대 근동 문명을 상세하게 소개하는 최근의 저작인 *CANES*도 고 대 이집트를 포함시켰다. 그리고 최근의 독일어권 구약학이나 구약신학에서 사 용하는 "구약성경의 환경"(Umwelt des Alten Testament)이라는 용어도 거의 같 은 개념이라고 할 수 있다. 이 글에서는 고대 근동학을 넓게 정의하는 최근의 경향을 따른다.

2 고대 근동학에서 다루는 언어 가운데 30개를 추린 목록과 각 언어의 간략한 설 명은 다음을 보라. 물론 고대 근동 세계에서 실제로 사용된 언어는 이보다 많 았을 것이다. 주원준, "고대 근동어", 『우가릿어 사전』(의정부: 한님성서연구소, 2010), 17-29쪽.

3 Sasson, *CANES*, I & II. p. xxv.

4 J. Figl, "Gesetz - I. Religionsgeschichtlich," *LThK*, Bd. 4, p. 579.

5 H. von Glasenapp, "Gesetz - I. Religionsgeschichtlich," *RGG*, Bd. 2, p. 1511.

6 현대에서는 법과 종교가 서로 다른 영역으로 인식되지만, 사실 현대적 세속법 이 고대와 중세의 종교법에 기반을 두고 발전된 것이라는 간략한 서술은 다 음을 보라. W. F. Sullivan & R. A. Yelle, "Law and Religion: An Overview," in

Encyclopedia of Religion, pp. 5325-5329.

7 von Glasenapp, "Gesetz - I. Religionsgeschichtlich," p. 1511.

8 최신 히브리어 사전의 토라 항목을 보면, 그 의미를 설명하기 위해 대분류 항목만 8개로 정리하였다. *HAL*, Bd.2, 1710-1712쪽.

9 이런 서술을 통해 히브리 성경의 법의 성격도 알 수 있다. 히브리 성경의 법은 고대 이스라엘의 '실정법'이 아니었고, 히브리 성경을 기록한 신학자 집단이 '이념적 대당'(對當) 세계를 형성'하는 목적을 지니고 서술되었다. 이종한 옮김, 『구약성경 개론』, 249쪽, 분도, 2012.

10 Sabbatucci, "Ordeal," in *Encyclopedia of Religion*, v. 10, p. 6846. 우리말로 '신령스런 재판'이란 뜻의 '신명재판'(神明裁判) 또는 '신내림 재판'이란 뜻의 '강신재판'(降神裁判) 등으로도 옮기는데, '신의 거룩한 재판'이란 '신성재판'(神聖裁判)이란 말이 이 재판의 근본적 믿음을 가장 잘 표현할 것이다. 현대 독일어권에는 '신적재판'이란 의미의 Gottesurteil이란 말이 주로 쓰인다. 한편 영어권에서 사용하는 ordeal이란 말의 어근은 '재판'을 뜻하는 독일어 Urteil이다.

11 주원준, 『구약성경과 신들-고대 근동 신화와 고대 이스라엘의 영성』(의정부: 한님성서연구소 2012), 129쪽. 이밖에 신성재판의 다양한 방식은 다음을 참고하라. Günter Lanczkowski, "Gottesurteil - I. Religionsgeschichtlich," *TRE*, Bd.14, p. 100.

12 H. Nottarp, "Gottesurteil," *RGG*, Bd.2, p. 1806.

13 Ronald J. Leprohon, "Royal Ideology and State Administration in Pharaonic Egypt," *CANES*, I & II, p. 273.

14 이 문단의 직접 인용은 모두 여기에서 왔다. David Lorton, "Legal and Social Institutions of Pharaonic Egypt," *CANES*, I & II, p. 355.

15 Heike Sterbgerg-el Hotabi, "»Weisheittexte« in ägyptischer Sprache", *TUAT*, Bd.3, p. 191.

16 '두 강 사이'를 의미하는 메소포타미아란 말의 어원과 이 말이 정확히 어디를 가리키는지는 다음을 보라. 주원준, 『구약성경과 신들』, 119-122쪽.

17 메소포타미아 남부의 도시국가 건설과정은 다음 책 1부 2장을 보라. 김구원 옮김, 『고대 근동 역사 - BC. 3000년경 - BC. 323년』(서울: CLC, 2010).

18 S. Greengus, "Legal and Social Institutions of Ancient Mesopatamia," *CANES*, I & II, p. 469.

19 김구원 옮김, 『고대 근동 역사』, 58쪽.

20 형제가 죽은 경우, 살아 남은 형제가 죽은 형제의 아내와 혼인을 해야 한다는 규정을 수숙혼(嫂叔婚)이라 한다. 이 용어에 대해서는 다양한 해석이 있다. 여성이 죽은 남편의 형제, 곧 시숙(媤叔)과 혼인하는 것이므로, 서양어로는 시숙을 뜻하는 라틴어(levir)에서 시숙혼(영어: levirate, 독일어: Leviratsehe)이라 한다. 일부에서는 이 결혼의 주체를 남성으로 바꿔서, 남성이 죽은 형제의 아내와 결혼한다는 의미로 수혼법(嫂婚法)이라 칭하기도 한다. 그런데 우리말의 한자어에 '수숙(嫂叔)'은 '형제의 아내와 남편의 형제'를 모두 일컫는 말로서, '수숙혼'이란 용어가 가장 적절하다. 다음에서 "후손에 관한 규정(25, 5-10쪽)" 부분을 참고하라, 주원준, 『신명기 - 거룩한 독서를 위한 성서 주해』(서울: 바오로딸, 2016).

21 S. Greengus, "Legal and Social Institutions of Ancient Mesopatamia," *CANES*, I & II, p. 470.

22 이 문단은 다음을 참고하라. 김구원 옮김, 『고대 근동 역사』, 78쪽.

23 같은 책, 84쪽.

24 같은 책, 89-90쪽.

25 같은 책, 85쪽. 제정일치 사회에서 임금의 다양한 호칭과 역할은 다음을 보라. 같은 책, 84-92쪽.

26 같은 책, 471쪽.

27 같은 책, 471쪽.

28 같은 책, 470-471쪽. 이를테면 '암미사두카의 칙령'을 예로 들 수 있다. 이 칙령은 전문이 우리말로 번역되었다. 김구원 외 옮김, 『고대 근동 문학 선집』. 근간.

29 이 논문의 모든 연대는 김구원 옮김, 『고대 근동 역사』를 따른다.

30 김구원 옮김, 『고대 근동 역사』, 122, 127쪽.

31 같은 책, 132쪽.

32 같은 책, 128쪽.

33 김유기 옮김, 『메소포타미아의 역사 1, 2』, 214쪽, 한국문화사, 2013.

34 Willem H. Ph. Römer, "Aus den Gesetzen des Königs Urnammu von Ur," *TUAT*, Bd.1, p. 17. 이곳에 최신 연구 목록이 실려 있다. 이 법전의 전문 번역은 다음을 보라. 채홍식 역주, 『고대 근동법전과 구약성경의 법』 (의정부: 한님성서연구소, 2008), 37-43쪽; 김구원 외 옮김, 『고대 근동 문학 선집』. 근간.

35 김구원 옮김, 『고대 근동 역사』, 133-134쪽.

36 김유기 옮김, 『메소포타미아의 역사 1』, 235쪽. 김구원 옮김, 『고대 근동 역사』, 147쪽.

37 Heiner Lutzmann, "Aus den Gesetzen des Königs Lipit-Eschtar von Isin," *TUAT*, Bd.1, p. 23. 이곳에 최신 연구 목록이 실려 있다.

38 우리말 전문 번역은 다음을 보라. 채홍식 역주, 『고대 근동법전과 구약성경의 법』, 45-53쪽.

39 Rykle Borger, "Der Codex Eschnunna," *TUAT*, Bd.1, p. 32. 이곳에 최신 연구 목록이 실려 있다.

40 우리말 전문 번역은 다음을 보라. 채홍식, 『고대 근동법전과 구약성경의 법』, 57-66쪽. 김구원 외 옮김, 『고대 근동 문학 선집』. 근간.

41 김구원 외 옮김, 『고대 근동 문학 선집』. 근간.

42 김구원 옮김, 『고대 근동 역사』, 172쪽.

43 Rykle Borger, "Der Codex Hammurapi," TUAT, Bd.1, p. 39. 또한 이곳에 최신 연구 목록이 실려 있다. 우리말 전문 번역은 다음을 보라. 채홍식, 『고대 근동법전과 구약성경의 법』, 71-128쪽. 김구원 외 옮김, 『고대 근동 문학 선집』. 근간.

44 김구원 옮김, 『고대 근동 역사』, 266-270쪽.

45 Rykle Borger, "Die mittelassyrischen Gesetze," *TUAT*, Bd.1, p. 80.

46 김구원 옮김, 『고대 근동 역사』, 271-272쪽.

47 같은 책, 272. 다음에 이 법전의 전문이 우리말로 옮겨 있다. 채홍식, 『고대 근동 법전과 구약성경의 법』, 129-150쪽. 이밖에 신바빌로니아 법전 등이 있다.

48 Einar von Schuler, "Die hethitischen Gesetze," *TUAT*, Bd.1, p. 95.

49 아래에 재구성한 법전의 개요가 실려있다. 채홍식, 『고대 근동법전과 구약성경의 법』, 153-154쪽.

50 Hector Avalos, "Legal and Social Institutions in Canaan and Ancient Israel," *CANES*, I & II, p. 615.

51 Ibid., p. 617.

52 G. Wenham, "Law in the Old Testament," in J. W. Rogerson, J. M. Lieu, eds., *The Oxford Handbook of Biblical Studies* (Oxford: Oxford University Press, 2006), 352. 이는 S. Grenngus, "Law," *ABD*.IV, p. 243의 재인용이다.

53 Wenham, "Law in the Old Testament," pp. 352-353. 이 문단과 다음 문단에서 겹따옴표로 표시한 말은 모두 웬햄의 직접 인용이고, 흩따옴표로 표시한 것은 저

자의 강조다.

54 김구원 옮김,『고대 근동 역사』, 176쪽. 인용문에서 '왕국'에 괄호를 친 것은, 본
문의 오타라고 판단했기 때문이다.

55 Wenham, "Law in the Old Testament," p. 352.

56 Avalos, "Legal and Social Institutions in Canaan and Ancient Israel," p. 618.

유대교의 법 전통: 종교적 틀과 사회적 기능 _ 윤성덕

1 제이콥 뉴스너, "유다교," 『우리 인간의 종교들』(서울: 소나무, 2013), 535쪽.

2 Norman K. Gottwald, The Politics of Ancient Israel(Louisville, KY.: Westminster
John Knox Press, 2001), pp. 155-157.

3 출애굽기부터 민수기, 신명기에 '재판관'이라는 말이 계속 언급된다는 사실 외
에도 항소 법원(신명기 17:8-9)에 관한 법, 법정 모욕죄(신명기 17:10-13)에 관한
법, 왕과 관련된 규칙들(신명기 17:14-20), 그리고 전쟁에 나갈 군인 징집(신명
기 20:5-9)에 관한 법들이 있다.

4 Mordecai Cogan, 1 Kings, A New Translation with Introduction and Commentary,
Anchor Bible 10 (New York: Doubleday, 2001); Patrick T. Cronauer, O.S.B,
The Stories about Naboth the Jezreelite (New York & London: T&T Clark, 2005)
참조.

5 채홍식 역주, 『고대 근동 법전과 구약성경의 법』(의정부: 한님성서연구소,
2008); 조르주 루 지음, 김유기 옮김, 『메소포타미아의 역사 I』(서울: 한국문화
사, 2013), 213-214, 277-283쪽을 참조하라.

6 예를 들어 이방인을 모두 살해하고 그들과 언약을 맺거나 혼인을 금지하는 법
(신명기 7:1-6; 12:29-30; 20:16-18; 23:3-6); 이스라엘의 하나님은 정해진 예배처
한 곳에서만 숭배해야 한다는 법(신 12:1-7) 등이 있다.

7 히브리 성서의 책 별로 율법해석을 하는 전통도 남아있는데, 레위기를 설명한
씨프라(ספרא, Sifra)와 민수기나 신명기를 설명한 씨프레(ספרי, Sifre)가 있다.

8 한편 히브리 성서에 나오는 이야기, 전설, 계시, 지혜, 우화 등을 다루는 아가다
(אגדה, Aggadah)라는 분야도 있고, 이를 펴서 설명하는 미드라쉬 아가다(מדרש
אגדה, Midrash Aggadah)에 속하는 저작들도 남아있다. 창세기를 다루는 베레쉿
랍바나 레위기를 다루는 바이크라 랍바 등 모세 오경을 설명하는 책들과 룻기,

에스더, 애가, 전도서 등을 설명하는 책들도 있다.

9 같은 주제를 미드라쉬 악가다에서는 이렇게 설명한다. 북왕국 이스라엘에서 잡혀간 열 부족이 유프라테스를 건너 머나먼 땅 '아르싸렛'이라는 무인지경으로 이주했고 거기 정착했다는 기록이 있다(외경, 에스드라4서). 이 전승이 중세를 지나면서 랍비들에게 정설로 받아 들여졌고, 북왕국에서 잡혀간 열 부족은 '삼바티온' 강 건너 '에레츠아혜렛'에 함께 모여 살며 그 동안 이스라엘 땅에서 지키지 못했던 율법을 지키며 살고, 남왕국 유다에서 잡혀간 두 부족은 여러 지역에 흩어져 살며 지역 문화에 동화되었다고 말한다 (미드라쉬, 베레쉿 랍바 30.24). 그 후 이 전승은 민담에도 등장하는데, 알렉산더 대왕의 서기로 일하던 유대인 므나헴이 '삼바티온' 강을 건너 사라졌던 열 부족을 만나러 갔더니 왜 안식일에 강을 건넜느냐며 율법을 어긴 사실을 책망하고 내쫓겼다고 기록하고 있다(12-13세기에 기록된 마케도니아의 알렉산더). 요약해 보면 잃어버린 열 부족에 대한 전통은 외부와 단절된 미지의 땅에 살며 고대 종교의 율법을 철저하게 지키는 이스라엘 후손들에 대한 낭만적인 이야기라고 할 수 있다. 이런 전통이 형성되고 발전된 이유는 나라를 잃고 기독교인들과 무슬림들 사이에 살던 유대인 공동체들이 전통적인 종교적 정체성을 유지해야 할지 아니면 문호를 개방하고 이웃과 서로 소통하고 협력하며 살아야 할지 끊임없이 고민했기 때문이다.

10 이 주제와 관련해서 Steven D. Fraade, "Navigating the Anomalous: Non-Jews at the Intersection of Early Rabbinic Law and Narrative," in *Legal Fictions: Studies of Law and Narrative in the Discursive Worlds of Ancient Jewish Sectarians and Sages* (Leiden & Boston: Brill, 2011), pp. 345-363을 참조하라.

11 대한성서공회에서 발행한 개역개정판은 이 동사를 "마르고"라고 번역하였으나 히브리어 원문은 떨어져 나간다고 기록되어 있다(נפלה).

12 똑같이 증거 없이 아내를 의심하는 상황이 벌어졌을 때 고대 바벨 사람들은 여자를 강물에 던져서 재판을 한다(신명 재판). 거기서 살아 나오면 강신이 용서해 주신 것이고 그래서 의심받을 행동을 하지 않았다고 여기지만, 강물에 빠져 익사하면 죄를 지은 것으로 본다(함무라비 법전 132조; 채홍식, 『고대 근동 법전과 구약성경의 법』, 99쪽). 증거가 없이 '의심'이라는 상황을 해결하기 위해서 이해하기 어려운 방법으로 진실을 밝혀낸다는 점에서 히브리 성서와 함무라비 법전이 같은 문제를 다루고 있지만, 법 규정이 남편의 권위를 인정할지 아내의 인권을 보호할지 목적을 어떻게 정하느냐에 따라 완전히 다른 해결법을 내어놓

는다.

13 폴 존슨 지음, 김한성 옮김, 『유대인의 역사』 2(파주: 살림, 2005), 42-61쪽.

14 폴 존슨, 『유대인의 역사』 2, 71-73쪽.

15 대한성서공회가 출판한 개역개정판에는 "여호와께서 이르시되(창 22:2)"라고 번역하였으나 히브리어 원문에는 여기에 여호와라는 이름이 포함되어 있지 않다.

16 폴 존슨, 『유대인의 역사』 3, 272-287쪽.

17 뉴스너, "유다교," 590쪽.

18 The State of Israel, "Tall Commission." (https://www.knesset.gov.il/lexicon/eng/tal_eng.htm 2016년 2월 26일 검색)

19 The State of Israel, "Press Releases: Knesset approves haredi enlistment bill." (https://www.knesset.gov.il/spokesman/eng/PR_eng.asp?PRID=11195 2016년 2월 26일 검색)

20 Makom TV, "Ruth Calderon's Maiden Knesset Speech - English Subtitles." (https://www.youtube.com/watch?v=S8nNpTf7tNo 2016년 2월 26일 검색)

21 이 기관의 홈페이지: http://www.elul.org.il/default.asp?lang=en (2016년 2월 26일 검색)

22 예를 들어 이런 모임도 계획되어 있다. Hebrew Union College, "Crafting Jewish Life in a Complex Religious Landscape." (http://huc.edu/symposium-one?utm_source=HUC-JIR+-+All+Campaigns&utm_campaign=32db225c49-HUC_JIR_News_Feb_23_20162_22_2016&utm_medium=email&utm_term=0_f5812cc439-32db225c49-344194141&goal=0_f5812cc439-32db225c49-344194141 2016년 2월 26일 검색)

범죄처벌로 인한 죽음과 절도죄: 고대 근동 법과 코란__ 김종도

1 성서 번역은 대한성서공회의 개역개정본을 따랐다.

2 4:135, 4:112, 16:90, 5:2, 2:283, 45:7, 60:12.

3 채홍식 역주, 『고대 근동 법전과 구약성경의 법』(의정부: 한님성서연구소, 2008), 36쪽.

4 같은 책, 36-37쪽.

5   고대 근동 법전의 해석은 채홍식 역주, 『고대 근동 법전과 구약성경의 법』과 이 종근, 『메소포타미아 법사상』(서울: 삼육대학교출판부, 2003)에서 인용했음을 밝힌다.

6   1미나(Mine)는 히타이트 도량형으로 40세켈(Scheqel), 즉 500g에 해당한다. 채 홍식 역주, 『고대 근동 법전과 구약성경의 법』, 155쪽.

7   1암마는 약 45cm이다. 위의 책, 155쪽.

코란에 나타난 샤리아 규범__ 임병필

1   코란에 나타난 법 규범의 숫자에 대해서 이븐 아라비(1165-1240)는 800개 이상, 가잘리(1058-1111)는 약 500개, 산아니(1687-1768)는 약 200여 개, 이븐 까이미 (1292-1349)는 약 150개라고 주장했다. 자세한 것은 "آيات الأحكام وأهم مؤلفاتها" 참조. 코란은 114장, 6,236개의 아야(구절), 77,437개의 낱말로 구성되어 있는데, 율법 적인 내용은 『상대적』으로 매우 적다. 약 6,200여 개의 구절들 중 의식에 관한 것이 100여 개, 개인과 관련된 법률이 70여 개, 민법이 70여 개, 형법이 30여 개, 사법적인 문제와 증언에 관한 것이 20여 개 구절이다(공일주, 『코란의 이해』, 171쪽).

2   이원삼, 『이슬람법사상』, 21-22쪽.

3   이 책의 원저자는 "이슬람 사회주의자"로 알려져 있으며, 코란의 주제들을 체계 적으로 해석하려 노력했던 파키스탄 출신의 이슬람 학자 굴람 아흐마드 파르 베즈(Gulam Ahmad Parwez, 1903-1985)이다. 그에 대한 자세한 정보는 https:// en.wikipedia.org/wiki/Ghulam_Ahmed_Pervez 참조. Quranic Laws는 2000년 에 와두드 박사(Dr. Abdul Wadud)가 1978년 우르두어판 قوانین قرآنی을 번역한 것 이다. 이 책은 내용을 신조 규범, 예절 규범, 행동 규범의 범주로 구분하지 않고, 코란 구절들을 실생활에 적용될 수 있는 16개의 주제로 분류하여 관련 법규범 들을 상세히 언급하고 있다. 16개의 주제들은 "국가 업무, 정부, 정의, 가정생활 을 위한 명령(의무), 상속과 증언, 성관계와 범죄, 삶의 보호, 재산의 보호, 조약, 금지와 허용, 사회생활을 위한 명령(의무), 소문, 기타(잡동사니), 경제, 기본적 인 인권, 범죄와 처벌의 관계"이다.

4   코란 구절의 한국어 번역은 참고문헌에 제시한 다양한 코란 번역본들을 종합적 으로 참고하여 원문에 가장 가깝게 번역하려고 노력하였다. 한편 우리말의 이

해를 돕기 위해 코란 구절에는 없는 쉼표, 마침표, 따옴표 등을 사용하였고, 괄호 안에 일부 설명들을 첨가하였다. 이 글의 코란 번역에 대한 책임은 전적으로 필자에게 있음을 밝혀둔다.

5 여기서 다루고 있는 소주제들은 *Quranic Laws*의 분류를 그대로 따랐지만 이해하기 어렵거나 필자가 불필요한 부분이라고 생각되는 일부 소주제에 대해서는 삭제하였으며, 용어의 경우 우리말에 적합하게 일부 변경한 부분이 있음을 밝혀둔다. 또한 저자가 제시한 코란 구절들의 정보가 불명확한 경우의 일부 구절들도 생략하였다.

6 이러한 분류는 이슬람 학자인 파르베즈(Gulam Ahmad Parwez)가 오랜 기간 동안 연구한 결과이므로 상당한 근거와 타당성이 있다고 보여진다. 따라서 국내의 연구자들이나 이슬람에 관심이 많은 독자들이 가정생활 관련 법규범을 코란에서 찾을 때 기초자료로 활용할 수 있을 것이다.

7 이슬람 이전 시대(자힐리야 시대, 450-622쪽)에 사내아이는 힘의 상징으로 보호를 받았지만, 여자아이는 부족의 수치와 궁핍과 가난의 상징으로 여겨져 생매장하는 관습이 있었다(최영길, 『코란주해』, 357쪽). 부족의 수치라는 의미는 타부족과의 전투에서 패할 경우 여자들과 여자아이들은 노예로 잡혀가 노동이나 성 노예로 전락하는 경우를 의미한다.

8 증인으로 두 명의 남자가 없는 경우 남자 한 명과 여자 두 명을 증인으로 세우는 이유는, 남성이 사물이나 사건을 판단할 때 감성보다는 이성에 의존하나 여성의 경우는 이성보다는 감성에 치우치는 경우가 많기 때문이다. 특히 두 명의 여성을 증인으로 세우는 경우는 한 여성이 감정에 치우쳐 그릇되게 진술하는 것을 막거나 여성의 본성이나 시기 및 질투로 인한 허위 진술의 가능성을 차단하려는 목적이다(최영길, 『코란주해』, 64쪽).

9 '마음을 정화하다; 정의를 실현하다; 증식하다; 자선을 베풀다'라는 뜻을 가진 동사(زكا)에서 파생된 명사이며, '자선, 희사, 연보, 헌금, 십일조, 친절, 세금 등'의 기능을 포함하고 있다. 마음을 정화하는 것이 자카트의 가장 중요한 목적들 중 하나로써 금전, 가축, 곡물 및 청과물은 자카트의 대상이 되지만 노예, 말, 노새, 당나귀, 여성용 장식품 등은 자카트의 대상이 아니다. 그 외 자카트의 수혜자와 자카트의 정확한 계산 방법 등에 관한 보다 자세한 부분은 최영길, 『이슬람의 생활규범』, 96-116쪽 참조.

10 순나와 하디스를 통틀어 예언자가 여성의 혼인 연령을 규제하는 언급은 없다.

또한 하디스는 미성년자의 혼인을 불법이나 금지된 것으로 간주하지 않았다. 미성년들 간의 혼인은 어린 신랑이 재산이 없거나 재산을 통제할 수 없는 경우라 하더라도 후견인이 대신해서 혼례금을 지불할 경우 유효한 것으로 간주된다. 하디스 편찬자인 부카리(810-870)는 아이샤가 예언자 무함마드와 결혼했을 때 여섯 살이었고 그녀가 아홉 살 되던 해에 성숙한 나이가 되어 동거를 시작했다고 전하고 있다(조희선, 『변화하는 무슬림 여성』, 99-100쪽).

11 '성년'을 뜻하는 ﺎﻧ는 사전적으로 '육체적 성숙, 정력, 생식력'을 의미한다. 순니 4대 법학파들은 남자는 19살, 여자는 15살이 되면 성인이 된다고 보았다(Forte, "Islamic Law and the Crime of Theft," 11쪽).

12 이슬람 이전 시대(자힐리야 시대)에는 형제가 일부 의붓자식이나 고인의 부인을 일종의 재산으로 취급하였다(최영길, 『코란주해』, 105쪽).

13 이슬람에서는 성서의 백성들, 즉 기독교인 및 유대인들과의 사회적 일상 거래는 물론 결혼까지도 허용하고 있다. 한편 무슬림 여성은 무슬림이 아닌 남성과는 결혼하지 않는데, 이는 무슬림 여성의 윤리관이 파괴된다고 보기 때문이다(최영길, 『코란주해』, 131쪽).

14 결혼을 할 때 신랑이 신부에게 주는 결혼 정약금(네이버 지식백과)이라는 의미로 사용되고 있는 '마흐르(ﺮﻬﻣ)'라는 어휘는 하디스에 등장한다. 코란에 사용된 관련 어휘에 대해서는 이후의 '혼례금' 참조. 그런데 이 어휘를 '신부값'이나 '혼납금'이라는 용어로 사용해 왔는데, '신부값'은 매매혼의 경우에 사용될 수 있는 용어라는 점에서, '혼인할 때 내는 돈'이란 의미의 '혼납금' 또한 적합한 용어라고 보기 어렵다고 판단하여, 이 글에서는 '혼례금'이란 용어를 사용할 것이다. 그 외 하디스와 이슬람법에서 본 혼례금에 관한 구체적인 부분은 조희선, 『변화하는 무슬림 여성』, 105-107, 181-189쪽 참조.

15 코란은 이슬람법의 제1법원으로서 이슬람법 샤리아의 가장 중요한 근거이지만 실생활에 적용될 수 있는 세부적인 항목들이 구체적으로 언급되어 있지 않다. 그래서 후대의 법학자들은 코란에 계시된 알라의 말씀을 근거로 해서 예언자의 순나(하디스)를 찾아 조금 더 구체적인 부분을 법적 근거로 사용하고, 만일 예언자의 순나(하디스)에서도 마땅한 근거가 없다면 합의와 유추와 같은 2차적인 법원들을 활용하여 현실에 맞는 법을 생산하였다. 이에 대한 구체적인 사례들은 우선 조희선의 『변화하는 무슬림 여성』 중 '혼인'에서 찾아볼 수 있으며, 참고문헌에 제시된 '절도, 돼지고기, 동성애 등'과 같은 임병필의 다수 논문들에서 찾

아볼 수 있다.

16 예언자는 만일 무슬림이 자기 부인을 때려야 할 경우에 부인의 몸에 아무런 자
   국이 남지 않도록 해야 하지만, 자기 부인을 때리는 사람은 훌륭한 사람이 아니
   라고 말했다(Islam International Publications, 『코란』, 182쪽). 아내로 인한 가정
   의 불화를 제거하는 데는 다음 네 가지 상황이 제시되고 있다. 첫째는 충고로써
   가정의 화목을 찾는 것이 가장 바람직하며, 둘째는 부부생활을 같이 하지 않거
   나 잠자리를 같이 하지 아니하고, 셋째는 가볍게 때려줄 것이며, 넷째는 가족회
   의를 열어 해결 방안을 찾는 것이 바람직하다(최영길, 『코란주해』, 108). 순니 4
   대 법학파는 부인이 비행을 저지르거나 명령을 위반할 경우 때리는 것이 허용
   된다는 데 일치된 의견을 보이고 있다. 그러나 이때 아프기는 하지만 폭력적이
   지 않고 신체 부위를 부러뜨리지 말고 피를 흘리지 않도록 해야 한다고 보았다
   (عبد الرحمن الجزيري, p. 58).

17 코란에는 '혼례금'이란 의미로 여러 개의 어휘들이 사용되고 있다. 코란 제4장
   24절과 제5장 5절에서는 '보수; 보상; 가격; 비용', 제4장 4절에서는 '결혼 지참
   금', 제2장 236절과 237절에서는 '종교적 의무; 법령; 의무 예배'란 사전적 의미를
   가진 어휘들이 사용되었다.

18 남편과의 별거를 위해 아내가 기다리는 법정기간을 말하며, 이 기간 동안에 그
   여성은 결혼을 하거나 약혼을 할 수 없다. 남편과의 이혼이나 남편의 사망으로
   인한 별거의 경우 모든 여성에게 잇다가 의무적으로 적용된다. 잇다의 목적은
   이혼의 경우 다시 되돌아올 때 경비를 발생하지 않고 남편이 아내에게 돌아갈
   수 있는 기회를 부여하고, 임신의 여부를 확인하여 혈통의 뒤섞임을 방지하며,
   남편의 사망으로 인한 남편 가문에 대한 예의와 남편에 대한 충성심의 표현이
   다. 보다 자세한 것은 최영길, 『이슬람의 생활규범』, 335-339쪽 참조.

19 '동반자'라는 뜻인데, 같은 어근에서 나온 شِرْك가 '우상숭배'를 뜻한다는 점에서
   여기서의 동반자들은 '우상들'을 의미한다고 볼 수 있다.

20 사전적으로는 '깊은, 심원한'이란 뜻이다.

21 '노력'이라는 뜻이며, 이슬람을 전파하기 위해 이슬람교도(무슬림)들에게 부과
   된 종교적 의무로 이해되기도 한다. 또한 '성전(聖戰)'이라고 번역하는데, 이는
   신앙이나 원리를 위하여 투쟁을 벌이는 것을 의미하기 때문이다. 지하드는 반
   드시 무력에만 의존하지 않고, 마음에 의한, 펜(논설)에 의한, 지배에 의한, 검에
   의한 4종의 지하드로 나뉜다(네이버 지식백과). 그 외 창조주의 존재를 부정하

는 불신자들이나 공격자들에 대한 지하드, 윤리적 비행에 대한 지하드, 사탄의 유혹에 대한 지하드, 자신의 욕망에 대한 지하드와 같은 지하드의 형태를 비롯하여 지하드의 목적, 지하드의 기본요소, 지하드의 선행조건 등과 같은 보다 세부적인 내용은 최영길, 『이슬람의 생활규범』, 183-207쪽 참조.

22 공일주, 2008, 13쪽.

23 그 외 제1장 개경장, 제2장 암소의 장, 제3장 이므란 가문의 장 등과 같이 코란 각 장의 명칭과 주제에 대한 세부적인 내용은 공일주, 『코란의 이해』, 171-239쪽 참조.

24 공일주, 『코란의 이해』, 13-14쪽.

25 순니 4대 법학파의 경우 하나피는 코란-하디스-교우들의 합의-교우들 개인의 법적 견해-유추-이스티흐산-무슬림들의 관습 순으로 법원을 채택하며, 말리키는 코란-하디스-메디나 주민들의 관행-이즈마으(합의)-이즈티하드-유추-이스티슬라흐-무슬림들의 관습 순으로 법원을 채택한다. 샤피이는 코란-하디스-이즈마으아-이즈티하드-유추 순으로 법원을 채택하며, 한발리는 코란-하디스-이즈마으아-이즈티하드-약한 하디스-유추 순으로 법원을 채택한다. 그 외 시아 법학파(자으파리, 자이디)와 이바디 법학파의 경우는 임병필, "8개 이슬람 법학파의 특성과 이크틸라프 원칙" 참조.

예언자를 따라서_ 박현도

1 Ignác Goldziher, *Muhammedanische Studien*. 2 vols. Halle, pp. 1889-1890. 영역은 *Muslim Studies*, ed. S. M. Stern and trans. C. R. Barber and S. M. Stern, 2 vols. (Chicago: Aldine Publishing Company, 1966).

2 골트치허의 뒤를 이어 샤흐트는 8-9세기에나 되어서야 하디스가 만들어졌다고 본다. Joseph Schacht, *The Origins of Muhammadan Jurisprudence* (Oxford: Clarendon Press, 1950).

3 Wael Hallaq, "The Transformation of Islamic Law from Jurists' to Statute Law and Its Repercussions", p. 8 (Unpublished Draft for The Joseph Schacht Conference on Theory and Practice in Islamic Law, Amsterdam & Leiden, 1994). 박현도, "샤리아의 과거와 현재: 전통· 샤리아와 근대 이슬람법의 불일치," 『인문사회 21』 7-2(2016), 641쪽.

4 Mohammad Hashim Kamali, "Hadith," in *Encyclopedia of Religion*, 2nd ed.,

vol. 6, p. 3726.

5 Ibid., p. 3726.

6 F. E. Peters, *Muhammad and the Origins of Islam* (Albany, NY.: State University of New York, 1994), p. 259.

7 Seyyed Hossein Nasr, *Ideals and the Realities of Islam,* rev. ed. (London: The Aquarian Press, 1994), 83: "Without hadith much of the Qur'an would be a closed book."

8 J. Robson, "Ḥadīth Ḳudsī," in *Encyclopaedia of Islam,* 2nd ed., vol. 3, p. 29.

9 Sahih al-Bukhari, *The Translation of the Meanings of Sahīh Bukhārī,* trans. Muhammad Muhsin Khan (Riyadh: Maktaba Dar us Salam, 1997), v. 2, p. 22, no. 879.

10 al-Bukhari, *The Translation of the Meanings of Sahīh Bukhārī,* v. 1, p. 140, no. 145.

11 al-Bukhari, *The Translation of the Meanings of Sahīh Bukhārī,* v. 1, p. 46, no. 2.

12 위의 책, 125쪽.

13 Jonathan A. C. Brown, *Hadith: Muhammad's Legacy in the Medieval and Modern World* (Oxford: Oneworld Publications, 2009), p. 32.

14 Brown, *Hadith: Muhammad's Legacy in the Medieval and Modern World,* p. 19.

15 Kamali, "Hadith," p. 3731.

16 Brown, *Hadith: Muhammad's Legacy in the Medieval and Modern World,* p. 84.

17 흙으로 손발 씻기

18 예배 시간 알리기

19 아르빈드 샤르마 외 지음, 박태식 외 옮김, 『우리 인간의 종교들』 (서울: 소나무, 2013) 중 7장 박현도 옮김, "이슬람", 787쪽.

20 N. J. Coulson, *A History of Islamic Law* (Edinburgh: Edinburgh University Press, 1964), p. 79.

이슬람 국가와 법__ 정상률

1 손호철, "국가자율성 개념을 둘러싼 제문제들: 개념 및 이론적 문제를 중심으로," 『한국정치학회보』 23-2(1989): 297-299쪽.

2 무함마드는 열 두 번 결혼하였고, 아이샤는 11살 때에 무함마드의 세 번째 부인 이 됨.

3 손주영, 『이슬람칼리파제사』(서울: 민음사, 1997), 271쪽.

4 알-마와르디는 술탄제론, 이맘제론, 칼리파제론을 혼용해서 사용하고 있음.

5 '알-마와르디의 이맘제론'은 필자가 작성한 2014년 연구논문 "알-마와르디의 『알-아흐캄』에 나타난 칼리파제론 연구'를 인용했음.

6 알-마와르디는 『알-아흐캄』에서 Imamate와 Caliphate를 혼용해서 사용하고 있으며, al-Sultaniyya라는 용어도 사용하고 있는 것으로 보아 압바스조 말기의 정치적 상황을 반영하고 있다.

7 하미드(Hamid) 교수는 이 4개 저술들이 알-마와르디의 정치사상을 더 잘 표현하고 있으므로 『알-아흐캄』보다 더 중요하다고 주장하였다.
Eltigani Abdulqadir Hamid, "Al-Mawardi's Theory of State: Some Ignored Dimensions," *The American Journal of Islamic Social Sciences* 18-4(2001), p. 2.

8 순니 4대 학파 중 샤피이 학파는 말릭 이븐 아나스의 제자 샤피이(Ibn Idris al-Shafi'i, 820년 죽음)가 창설한 이슬람 법학파. 메카의 꾸라이쉬 부족 출신인 샤피이는 독자적인 법률과 전통 관습의 조화로운 절충을 통해 합리적인 법학 이론의 토대를 이뤘다. 그는 하나피 학파와는 달리 유추(끼야스) 적용에 명백한 규정과 한계를 두었다. 보수적인 메디나 학파인 말리키 학파와 비교적 개방적인 이라크 학파인 하나피 학파의 중간적 견해를 따르므로 비교적 개방적이고 융통성이 있는 학파로 알려져 있음. 어떤 사례가 코란에 명기되어 있지 않은 경우, 유추를 인정하여 하디스의 비슷한 구절에 근거하여 법리 해석을 하면서도, 전거와 정통성이 분명히 인정되지 아니한 어떠한 전승도 받아들이지 않았다. 코란과 하디스의 지식에 정통했던 샤피이는 특히 샤리아의 원천을 코란, 하디스, 이즈마으, 끼야스로 분류하고, 법리 해석에 이성의 사용을 부차적인 요소로 봄. 샤피이 학파는 움마의 최고 지도자 선출에 있어서 최선의 자질을 갖춘 사람을 내세워야 하지만, 만약 누가 최선인지에 대한 의견이 다르거나 내부 혼란의 위험이 있을 시에는 차선의 인물을 선택하는 것을 합법적인 것으로 보았으며, 특히 그 후 최선의 지도자가 출현하더라도 이미 선출된 차선의 지도자를 폐할 수 없다는 교의를 받아들였다. 사피이는 말릭이 편찬한 최초의 하디스 모음집인 무왓따(Muwatta)를 암기하였고, 한발리 학파의 창시자인 이븐 한발을 배출하였으며, 하디스 판정 기준의 원칙을 최초로 확립하였다. 압바스조의 공인 학파가 되

면서 세력이 확대되어 이집트, 이라크, 레바논, 팔레스타인, 예멘, 말레이시아, 인도네시아 등지에 많이 퍼져 있다(김정위, 『이슬람사전』).

9 al-Mawardi, *Al-Ahkam al-Sultaniyyah: The Ordinances of Government*, trans. Asadullah Yate (London: Ta Ha Publishers Ltd., 1996), p. 8.

10 손주영, 『이슬람칼리파제사』, 299쪽.

11 Hamilton Alexander Rosskeen Gibb, "al-Mawardi's Theory of Caliphate," in Stanford J. Shaw and William R. Poll eds., *Studies on the Civilization of Islam* (Boston: Beacon Press, 1962), p. 153.

12 Erwin I. J. Rosenthal, *Political Thought in Medieval Islam: An Introductory Outline* (Cambridge: Cambridge University Press, 1962), pp. 30-31.

13 Dore Gold, *Hatred's Kingdom: How Saudi Arabia Supports the New Global Terrorism* (Washington: Regnery Publishing, Inc., 2003), pp. 17-21.

14 손동화, 1989, 30쪽.

15 Hussain Ibn Ghannam, *Tarikh Najd al-Musamma Rawdhat al-Afkar wal-Afham (The History of Najd, Called the Garden of Ideas and Concepts)*(Cairo, 1949), 5-13; Vassiliev 2003, pp. 70-74 재인용.

16 Vassiliev 2003, pp. 75-76.

17 Gold, *Hatred's Kingdom*, p. 20.

18 이종택, "하산 알 반나(Hasan al-Banna)의 이슬람 원리주의사상", 『한국중동학회논총』26-2(2006): 19쪽에서 재인용.

19 '마우두디의 자마아테 이슬라미 정치운동과 이슬람 국가론'은 필자가 작성한 2012년 연구논문인 "마우두디의 정치경제 사상: 이슬람 국가론을 중심으로"를 인용했음.

20 Roy Jackson, *Mawlana Mawdudi & Political Islam: Authority and the Islamic State*(New York: Routledge, 2011), pp. 87-88.

21 Jackson, *Mawlana Mawdudi & Political Islam*, p. 84.

22 Donohue 1982, 252-253; 이희수, "특집/이슬람 개혁운동의 현황과 그 전망: 제4장 마우두디의 사상과 21세기 파키스탄의 이슬람화 운동-자마아테 이슬라미의 개혁운동을 중심으로", 『한국이슬람학회논총』 5-1 (1995): 269쪽.

23 Jackson, *Mawlana Mawdudi & Political Islam*, p. 85.

24 Ahmad 1992, pp. 462-464; 이희수, "특집/이슬람 개혁운동의 현황과 그 전망…",

276-277쪽; 손주영 외 2000, 275쪽.

25 'IS의 이슬람 국가론'은 필자가 작성한 2015년 연구논문 "DABIQ에 나타난 IS의 칼리파제론 연구", 2016년 연구논문 "알 마크디시의 살라피스트 지하디즘과 IS"를 인용했음.

26 IS는 홍보수단 및 IS 내외부와 정보 소통 수단으로 인터넷 매체인 『다비끄』라는 저널을 출판하고 있는데, 『다비끄』에서는 킬라파(Khilafah)와 이슬람 국가(Islamic State)를 혼용해서 사용하고 있으며, 이는 모두 칼리파제국가를 의미함.

27 자르카위는 2006년 6월 미군의 공습으로 사망함.

28 Harleen K. Gambhir, "DABIQ: The Strategic Messaging of the Islamic State," ISW(Institute for the Study of War, August 15, 2014), p. 4; Dabiq 4.

29 다비끄는 샴(현 레반트 또는 시리아 지역)에 있는 알레포의 북쪽 시골에 위치한 지역으로서 하디스에 말라힘(Malahim) 사건의 일부를 묘사하면서 언급된 곳임. 『다비끄』에서는 '다비끄에서 십자군 군대를 불태울 때까지(until it burns the Crusader armies in Dabiq)'로 표기되어 있으며, 무슬림과 십자군 간 (종말론적) 대전투 중 하나가 다비끄 근처에서 발생할 것이며, '이라크로부터 샴까지 신의 축복을 받는 지하드의 확장' '(현재) 다비끄는 십자군의 통제 하에 있음' '알라는 사흐와의 반역으로부터 다비끄를 순화시킬 것이며 그 땅 위에 칼리프의 국기를 게양하게 될 것' 등을 언급하고 있음(Dabiq 1, Ramadan, p. 1435). 모든 『다비끄』의 목차 맨 위에는 이라크 알-까에다의 설립자인 자르까위의 말이 인용되고 있다. "불꽃이 이라크에서 이곳으로 밝게 비췄으며, 그 열기는 - 알라의 허용으로 - 다비끄에서 십자군 군대를 태워버릴 때까지 계속 강렬해질 것이다."

30 『다비끄』에는 'Halab, Tribal Assemblies'라는 소제목 하에 IS와 주요 부족 간의 연합을 언급하고 있음(Dabiq 1, pp. 12-15). "IS는 무슬림들의 지위를 강화시키고, 그들을 하나의 이맘(지도자) 아래 묶으며, 예언자적 칼리파제(prophetic Khilafah)의 구축을 위해 함께 노력하는 과정에서 국경 내 부족들과의 관계를 구축해왔던 광범위한 역사를 가지고 있다. 〈부족포럼(tribal forums)〉에 참여하고, 부족지도자들의 관심을 구애하며, 그들의 충성서약(bay'ah)을 수용하기 위한 IS의 실천으로 정규적으로 만나고 있다."(Dabiq 1, 12). 이는 이슬람 역사가 보여준 '칼리파와 부족 세력 간 연대'를 추구하고 있음을 의미함. 연대 과정에서 상호 간에 '주고 받기'를 함.

31 Dabiq 1, p. 7.

32 이마마(Imamah)는 정신적, 종교적, 정치적 리더쉽을, 이브라힘(Ibrahim)은 아브라함을, 밀라(millah)는 길(path)을 의미함.

33 Gambhir, "DABIQ: The Strategic Messaging of the Islamic State," p. 4; *Dabiq* 3.

34 자마아는 이슬람 공동체인 움마(ummah)를 의미함.

35 *Dabiq* 1, p. 34.

36 *Dabiq* 1, p. 40.

37 *Dabiq* 1, pp. 36-37.

38 아부 오마르 바그다디는 아부 바크르 알-바그다디 직전의 지도자인 것으로 판단되며, 그의 행적은 자세히 알려져 있지 않음.

39 *Dabiq* 1, p. 38.

40 *Dabiq* 1, p. 38.

41 *Dabiq* 2, p. 18.

42 *Dabiq* 3.

43 Gambhir, "DABIQ: The Strategic Messaging of the Islamic State," p. 9.

44 *Dabiq* 1, p. 35.

45 *Dabiq* 1, p. 39.

46 *Dabiq* 1, p. 38.

47 '이슬람 국가 사례: 사우디아라비아'는 필자가 작성한 2016년 연구논문 "마크디시의 살라피즘과 IS의 살라피지하디즘"을 인용했음. 정상률, "사우디아라비아 근대 국민국가 형성 연구: Saud家와 와합주의자의 권력엘리트화를 중심으로", 『인문과학연구논총』37-2(2016): 1-28쪽.

48 Vassiliev 2000, pp. 64-67.

49 나즈디 부족이 아니자 부족연합의 일원이었는지는 알려져 있지 않음.

50 Gold, *Hatred's Kingdom*, pp. 17-21.

51 L. Carl Brown, *Religion and State: The Muslim Approach to Politics* (New York: Columbia University Press, 2000), pp. 1-2.

참고문헌

지혜와 경험과 법이 하나다: 고대 근동의 법을 이해하기 위하여_ 주원준

ABD: Freedman, D.N. (eds.), *Anchor Bible Dictionary*. New York: Doubleday, 1992.

ANET: Pritchard, James B., *The Ancient Near East - Anthology of Texts and Pictures*. Princeton University Press, 2011. = 김구원 외 옮김. 『고대 근동 문학 선집』. 서울: CLC: 2016.

CANES: Sasson, Jack M, ed. *Civilazations of the Ancient Near East I & II, III & IV*. Peabody: Hendrickson Publishers, 2000.

Encyclopedia of Religion: Jones, L., et al., eds. *Encyclopedia of Religions*. 15 Vols. Thomson, 2004.

HAL: Koehler, L., et al., eds. *Hebräisches und Aramäisches Lexkon zum Alten Testament*. Band I, II. Leiden, 2004.

RGG: Betz, H. D., D. Browning, B. Janowski, E. Jüngel, Hg. *Religion in Geschichte und Gegenwart: Handwörterbuch für Theologie und Religionswissenschaft*. Bd. 1-8. Tübingen, 1999.

TRE: Müller, G, Hg. *Theologische Realenzyklopädie*. Bd. 1-36. Tübingen, 1976-2004.

TUAT: Kaiser, O., B. Janowski, G. Wilhelm, D. Schwemer, Hg. *Texte aus der Umwelt des Alten Testaments*, Bd. I-III - *Alte Floge*. Gütersloher, 1982-1997.

김구원 옮김. 『고대 근동 역사 - BC. 3000년경 - BC. 323년』. 서울: CLC, 2010 = Van de Mieroop, M., *A History of the Ancient Near East*: ca. 3000-323, Blackwell, 2004.

김유기 옮김. 『메소포타미아의 역사 1, 2』. 서울: 한국문화사, 2013 = Roux, Georges, *La Mésopotamie - Essai d'histoire politique, économique et culturelle*. Paris 1995.

이종한 옮김. 『구약성경 개론』. 분도, 2012 = Zenger, E. (Hg.), *Einleitung in das Alten Testament*. Stuttgart, 2002.

주원준. "고대 근동어." 주원준, 『우가릿어 사전』. 17-29. 의정부: 한님성서연구소, 2010.

주원준 개역. 『우가릿어 사전』. 의정부: 한님성서연구소, 2010 = Tropper, J., *Kleines Wörterbuch des Ugaritischen*. Harrassowitz, 2008.

주원준. 『구약성경과 신들 - 고대 근동 신화와 고대 이스라엘의 영성』. 의정부: 한님성서연구소, 2012.

주원준. 『신명기 - 거룩한 독서를 위한 성서 주해』. 서울: 바오로딸, 2016.

채홍식 역주. 『고대 근동법전과 구약성경의 법』. 의정부: 한님성서연구소, 2008.

Avalos, Hector. "Legal and Social Institutions in Canaan and Ancient Israel," *CANES* I & II, pp. 615-631.

Borger, Rykle, "Der Codex Eschnunna," *TUAT*, Bd.1, pp. 32-38.

_____. "Der Codex Hammurapi," *TUAT*, Bd.1, pp. 39-80.

_____. "Die mittelassyrischen Gesetze." *TUAT*. Bd.1, pp. 80-92.

Figl, J. "Gesetz - I. Religionsgeschichtlich," *LThK*, Bd.4, pp. 579-580.

von Glasenapp, H. "Gesetz - I. Religionsgeschichtlich," *RGG*, Bd.2, pp. 1511-1513.

Grenngus, S. "Law," *ABD*.IV, pp. 242-245.

_____. "Legal and Social Institutions of Ancient Mesopatamia," *CANES* I & II, pp. 469-484.

Hotabi, Heike Sterbgerg-el. "Weisheittexte in ägyptischer Sprache," *TUAT*, Bd.3, pp. 191-194.

Lanczkowski, Günter. "Gottesurteil - I. Religionsgeschichtlich," *TRE*, Bd.14, pp. 100-102.

Lorton, David. "Legal and Social Institutions of Pharaonic Egypt," *CANES* I & II, pp. 345-362.

Leprohon, Ronald, J. "Royal Ideology and State Administration in Pharoanic Egypt," *CANES* I & II, pp. 273-287.

Lutzmann, Heiner. "Aus den Gesetzen des Königs Lipit-Eschtar von Isin," *TUAT*, Bd.1, pp. 23-31.

Nottarp, H. "Gottesurteil," *RGG*, Bd.2, pp. 1806-1807.

Römer, Willem H. Ph. "Aus den Gesetzen des Königs Urnammu von Ur," *TUAT*, Bd.1, pp. 17-23.

Sabbatucci, Dario. "Ordeal," In *Encyclopedia of Relgion*, Vol. 10, pp. 6846-6847.

von Schuler, Einar. "Die hethitischen Gesetze," *TUAT*, Bd.1, pp. 95-123.

von Soden, Wolfram. *Einführung in die Altorientalistk*, Darmstadt: Wissenschaftlic he Buchgesellschaft, 1985.

Sullivan, W. F. & R. A. Yelle "Law and Religion: An Overview," *Encyclopedia of Relgion*, pp. 5325-5332.

Wenham, G. "Law in the Old Testament," In Rogerson, J. W., Lieu, J. M., ed. *The Oxford Handbook of Bibilical Studies*, pp. 351-361. Oxford: Oxford University Press, 2006.

유대교의 법 전통: 종교적 틀과 사회적 기능＿ 윤성덕

뉴스너 제이콥 저. 주원준 옮김. "유다교". 『우리 인간의 종교들』. 서울: 소나무, 2013.

루 조르주 지음. 김유기 옮김. 『메소포타미아의 역사 I』. 서울: 한국문화사, 2013.

존슨 폴 지음. 김한성 옮김. 『유대인의 역사 1-3』. 파주: 살림, 2005.

채홍식 역주. 『고대 근동 법전과 구약성경의 법』. 의정부: 한님성서연구소, 2008.

Cogan, Mordecai. *1 Kings. A New Translation with Introduction and Commentary*. Anchor Bible 10. New York: Doubleday, 2001.

Cronauer, Patrick T. O.S.B. *The Stories about Naboth the Jezreelite*. New York & London: T&T Clark, 2005.

Gottwald, Norman K. *The Politics of Ancient Israel*. Louisville, KY.: Westminster John Knox Press, 2001.

Makom TV. "Ruth Calderon's Maiden Knesset Speech - English Subtitles." (https://www.youtube.com/watch?v=S8nNpTf7tNo 2016년 2월 26일 검색)

The State of Israel. "Tall Commission." (https://www.knesset.gov.il/lexicon/eng/tal_eng.htm 2016년 2월 26일 검색)

The State of Israel. "Press Releases: Knesset approves haredi enlistment bill." (https://www.knesset.gov.il/spokesman/eng/PR_eng.asp?PRID=11195 2016

년 2월 26일 검색)

범죄처벌로 인한 죽음과 절도죄: 고대 근동 법과 코란__ 김종도

채홍식 역주. 『고대 근동 법전과 구약성경의 법』. 의정부: 한님성서연구소, 2008.
이종근. 『메소포타미아 법사상』. 서울: 삼육대학교출판부, 2003.

코란에 나타난 샤리아 규범: *Quranic Laws*의 가정생활 규범을 중심으로__ 임병필

공일주. 『코란의 이해』. 서울: 한국외국어대학교출판부, 2008.
김용선 역주. 『코란』. 서울: 명문당, 2002.
손주영. 『코란선』. 서울: 한국외국어대학교출판부, 2009.
조희선. 『변화하는 무슬림 여성』. 서울: 세창출판사, 2015.
이원삼. 『이슬람법사상』. 서울: 아카넷, 2002.
임병필. "절도에 대한 샤리아 규범 연구". 『한국중동학회논총』 36-2(2015): 157-186
　　쪽.
_____. "이슬람의 돼지 금지와 샤리아의 근거". 『한국중동학회논총』 32-2(2014):
　　119-146쪽.
_____. "샤리아에 규정된 동성애와 이슬람사회의 동성애 인식". 『한국중동학회논
　　총』 34-4(2014): 205-230쪽.
_____. "8개 이슬람 법학파의 특성과 이크틸라프 원칙". 『아랍어와 아랍문학』 14-
　　4(2015): 175-206쪽.
"지하드" 네이버 지식백과(두산백과), (검색: 2015년 12월 14일), http://terms.naver.
　　com/entry.nhn?docId=1144529&cid=40942&categoryId=31600.
최영길. 『이슬람의 생활규범』. 명지대학교출판부, 1985.
_____ 역. 『성 코란』. 사우디아라비아 메디나: 파하드 국왕 성 코란 출판청, 1997.
_____ 역주. 『코란주해』. 서울: 세창출판사, 2010.
Islam International Publications, 『코란』, Seoul: Po Chin Chai Printing Co., LTD,
　　1998.
Abdul Wadud, *Quranic Laws*, https://deenrc.files.wordpress.com/2008/03/quranic
　　-laws-by-ga-parwez.pdf(검색: 2015년 12월 7일).
Ali Quli Qara'i, *The Qur'an,* Lodon: Islamic College for Advance Studies (ICAS)
　　Press, 2003.

David, F. Forte., "Islamic Law and the Crime of Theft," http://works.bepress.com/
david_forte/20/(검색: 2015년 3월 30일).

عبد الرحمن الجزيري. كتاب الفقه على المذاهب الأربعة، القاهرة: دار المنار للطبع والنشر والتوزيع, ١٩٩١.

محمد سليمان الفرا, "آيات الأحكام وأهم مؤلفاتها".

غلام أحمد برويز. قرآني قوانين،

http://www.parwez.tv/ebooks/qurani%20qawaneen/qurani%20qawaneen.html

예언자를 따라서: 이슬람법원(法源) 하디스(Hadith)__ 박현도

박현도. "샤리아의 과거와 현재: 전통 샤리아와 근대 이슬람법의 불일치". 『인문사
회 21』7-2(2016), 631-644쪽.

아르빈드 샤르마 외 지음. 박태식 외 옮김. 『우리 인간의 종교들』. 서울: 소나무,
2013.

al-Bukhari. The Translation of the Meanings of Sahīh Bukhārī. Translated by Dr
Muhammad Muhsin Khan, Arabic-English, 9 vols. Riyadh: Maktaba Dar us
Salam, 1997.

Brown, Jonathan A. C. Hadith: Muhammad's Legacy in the Medieval and Modern
World. Oxford: Oneworld Publications, 2009.

Coulson, N. J A History of Islamic Law, Edinburgh: Edinburgh University Press,
1964.

Goldziher, Ignác. Muhammedanische Studien, 2 vols. Halle, pp. 1889-1890.

_____, Muslim Studies, Edited by S. M. Stern, and translated by C. R. Barber
and S. M. Stern. 2 vols. Chicago: Aldine Publishing Company, 1966.

Hallaq, Wael. "The Transformation of Islamic Law from Jurists' to Statute Law and
Its Repercussions." Unpublished Draft for The Joseph Schacht Conference on
Theory and Practice in Islamic Law, Amsterdam & Leiden, 1994.

Kamali, Mohammad Hashim. "Hadith," In Encyclopedia of Religion, 2nd ed, Vol.
6, pp. 3726-3733.

Nasr, Seyyed Hossein. Ideals and the Realities of Islam., Revised ed., London: The
Aquarian Press, 1994.

Peters, F. E. Muhammad and the Origins of Islam., Albany, NY.: State University
of New York, 1994.

Robson, J. "Ḥadīth Ḳudsī." In *Encyclopaedia of Islam,* 2nd ed, Vol. 3, pp. 28-29.

Schacht, Joseph. *The Origins of Muhammadan Jurisprudence,* Oxford: Clarendon Press, 1950.

이슬람 국가와 법_ 정상률

김정위. 『이슬람사전』. 서울: 학민사, 2002.

손동화. "무함마드 븐 압돌 와합의 이슬람思想에 關한 考察". 한국외국어대학교 석사학위논문, 1989.

손주영. 『이슬람칼리파제사』. 서울: 민음사, 1997.

_____. "신정민주주의 이슬람 국가의 주창자: 마우두디(Sayyid Abu'l-A'la Maududi, 파키스탄, 1903-1979)". 『중동연구』 17-2(1998): 267-278쪽.

손호철. "국가자율성 개념을 둘러싼 제문제들: 개념 및 이론적 문제를 중심으로". 『한국정치학회보』 23-2(1989): 296-318쪽.

이종택. "하산 알 반나(Hasan al-Banna)의 이슬람 원리주의사상". 『한국중동학회논총』 26-2(2006): 1-29쪽.

이희수. "특집/이슬람 개혁운동의 현황과 그 전망: 제4장 마우두디의 사상과 21세기 파키스탄의 이슬람화 운동 - 자마티 이슬람미의 개혁운동을 중심으로". 『한국이슬람학회논총』 5-1 (1995): 265-300쪽.

정상률. 『이슬람 국가론과 지대국가론』. 파주시: 한국학술정보, 2013.

_____. "마우두디의 정치경제 사상: 이슬람 국가론을 중심으로". 『한국중동학회논총』 33-1(2012): 31-58쪽.

_____. "알-마와르디의 『알-아흐캄』에 나타난 칼리파제론 연구". 『중동문제연구』 13-4(2014): 1-29쪽.

_____. "DABIQ에 나타난 IS의 칼리파제론". 『한국중동학회논총』 35-3(2015): 1-42쪽.

_____. "마크디시의 살라피즘과 IS의 살라피 지하디즘". 『한국이슬람학회논총』 26-1(2016): 151-188쪽.

_____. "사우디아라비아 근대 국민국가 형성 연구: Saud家와 와합주의자의 권력 엘리트화를 중심으로". 『인문과학연구논총』 37-2(2016): 1-28쪽.

Ahmad, Mumtaz. "Islamic Fundamentalism in South Asia: The Jamaat-i Islami and

Tablighi Jamaat of South Asia." In Martin E. Marty and R. Scott Appleby eds. *Fundamentalisms Observed*, pp. 457-530. Chicago: The University of Chicago Press, 1991.

al-Mawardi. *Al-Ahkam al-Sultaniyyah: The Laws of Islamic Governance*. Translated by Asadullah Yate. London: Ta Ha Publishers, 1996.

_____. *The Ordinanances of Government*. Translated by Wafaa H. Wahbah. Reading: Garnet, 1996.

Brown, L. Carl. *Religion and State: The Muslim Approach to Politics*. New York: Columbia University Press, 2000.

Donohue, John J. and John Esposito eds. *Islam in Transition: Muslim Perspective*. Oxford: Oxford University Press, 1982.

Gambhir, Harleen K. "DABIQ: The Strategic Messaging of the Islamic State." ISW(Institute for the Study of War) August 15, 2014. (http://www.understandingwar.org/sites/default/files/Dabiq%20Backgrounder_Harleen%20Final.pdf 검색일: 2016.5.10)

Gold, Dore. *Hatred's Kingdom: How Saudi Arabia Supports the New Global Terrorism*. Washington: Regnery Publishing, Inc., 2003.

Gibb, Hamilton Alexander Rosskeen. "al-Mawardi's Theory of Caliphate." *Islamic Culture* 11-3 (1937): pp. 291-302.

_____. "al-Mawardi's Theory of Caliphate." In Stanford J. Shaw and William R. Poll eds. *Studies on the Civilization of Islam*. Boston: Beacon Press, 1962.

Hamid, Eltigani Abdulqadir. "Al-Mawardi's Theory of State: Some Ignored Dimensions." *The American Journal of Islamic Social Sciences* 18-4 (2001): pp. 1-18.

Ibn Ghannam, Hussain. *Tarikh Najd al-Musamma Rawdhat al-Afkar wal-Afham (The History of Najd, Called the Garden of Ideas and Concepts)*. Cairo, 1949.

IS, *Dabiq* 1 (1435) - 14 (1437) 참조. (DABIQ는 IS가 서기 2014년 7월 초부터 IS의 디지털 홍모물로 출판하기 시작하여 2016년 5월 현재 14권까지 출판됨. 최초 출판 연도인 2014년 7월은 이슬람력으로 1435년임).

Jackson, Roy. *Mawlana Mawdudi & Political Islam: Authority and the Islamic State*, New York: Routledge, 2011.

Khan, Javed Ahmad. *Social Sciences in Islamic Perspectives: A Bibliography of Contemporary Literature, 1975-2000.* New Delhi: Institute of Objective Studies, 2001.

Mawdudi, Sayyid Abul A'la. *Towards Understanding Islam.* Birmingham, U.K.I.M. Dawah Centre, 1960.

Musallam, Adnan. 1997. *Sayyid Qutb: The Emergence of the Islamicist 1939-1950.* PASSIA (Palestinian Academic Society for the Study of International Affairs), 1997.

Qamar-ud-Din Khan. *Al-Mawardi's Theory of the State.* Lahore: Islamic Book Foundation, 1983.

Rosenthal, Erwin I. J. *Political Thought in Medieval Islam: An Introductory Outline.* Cambridge: Cambridge University Press, 1962.

Ushama, Thameem and Mohammad Osmani, Noor. "Sayyid Mawdudi's Contribution towards Islamic Revivalism," *IIUC Studies* 3 (December 2006): pp. 93-104.

Vassiliev, Alexei. *The History of Saudi Arabia.* New York: New York University Press, 2000.

찾아보기

키타불히크마HK총서 03

법으로 보는 이슬람과 중동

등록 1994.7.1 제1-1071
1쇄 발행 2016년 5월 31일

엮은이 명지대학교 중동문제연구소
지은이 주원준 윤성덕 김종도 임병필 박현도 정상률
펴낸이 박길수
편집인 소경희
편 집 조영준
관 리 위현정
디자인 이주향
펴낸곳 도서출판 모시는사람들
        03147 서울시 종로구 삼일대로 457(경운동 수운회관) 1207호
전 화 02-735-7173, 02-737-7173 / 팩스 02-730-7173
홈페이지 http://www.mosinsaram.com

인 쇄 상지사P&B(031-955-3636)
배 본 문화유통북스(031-937-6100)

값은 뒤표지에 있습니다.
ISBN 979-11-86502-54-9   04340
SET   978-89-97472-21-5   04340(세트)

이 도서의 국립중앙도서관 출판예정도서목록(CIP)은 서지정보유통지원시스템 홈페이지(http://seoji.nl.go.kr)와 국가자료공동목록시스템(http://www.nl.go.kr/kolisnet)에서 이용하실 수 있습니다.(CIP제어번호: 2016013068)

** 이 저서는 2010년 정부(교육과학기술부)의 재원으로 한국연구재단의 지원을 받아
수행된 연구임(NRF-2010-362-A00004).